如何追上一束光

〔日〕北村良子◎著　　张　颖◎译

北京科学技术出版社

著作权合同登记号　图字：01-2020-7726

图书在版编目（CIP）数据

如何追上一束光 /（日）北村良子著；张颖译. —北京：北京科学技术出版社，2021.9

ISBN 978-7-5714-1443-6

Ⅰ.①如…　Ⅱ.①北…　②张…　Ⅲ.①智力游戏－儿童读物　Ⅳ.①G898.2

中国版本图书馆 CIP 数据核字（2021）第 078663 号

策划编辑：唱　怡
责任编辑：白　林
责任校对：贾　荣
图文制作：史维肖
责任印制：吕　越
出 版 人：曾庆宇
出版发行：北京科学技术出版社
社　　址：北京西直门南大街16号
邮政编码：100035
ISBN 978-7-5714-1443-6

电　　话：0086-10-66135495（总编室）
　　　　　0086-10-66113227（发行部）
网　　址：www.bkydw.cn
印　　刷：河北鑫兆源印刷有限公司
开　　本：889 mm × 1194 mm　1/32
字　　数：149千字
印　　张：6.625
版　　次：2021年9月第1版
印　　次：2021年9月第1次印刷

定价：55.00元

前 言

有的人不擅长思考，是因为他们觉得思考是件痛苦的事，是件需要耐心忍受的事，所以对思考有抵触情绪。如果抱有这样的想法，久而久之就很难提升自己的思维能力了。

将棋[①]名家往往从小就认为思考将棋的走步是件非常快乐的事，也正因为如此，他们才能不停地思考，不断地提升自己的棋艺。如同学习将棋一样，只有体会到思考的乐趣，才能更好地提升思维能力。而这种对于思考的兴趣，应该尽量在小时候培养。思想实验就是一个不错的体验思考乐趣的入口。

对“思想实验”这个概念很多人也许很陌生。它指的是什么呢？思想是发生在大脑中的过程，思想实验就是在大脑中进行的实验。大家在看到“思想”“实验”这样的字眼时，可能会觉得进行思想实验是很难、很复杂的事情。实际上，只要做过一次思想实验，你就会发现并非如此，反而会觉得整个思想过程很有趣。在进行思想实验时，你并不需要特殊的实验器材，只要让大脑飞速地运转起来就可以了。

本书提供了一些思想实验的素材，希望最大限度地让大家体会到思考的乐趣。这些素材有助于丰富想象力和锻炼逻

① 将棋：又称日本象棋，是一种流行于日本的棋盘游戏。

辑思维能力。通过思想实验的训练，大家自然而然地就会掌握更有逻辑的思维方法。

在距今2200多年前的公元前3世纪，古希腊天文学家阿里斯塔克根据太阳和月亮之间的关系，推断出宇宙的中心不是地球，而是太阳。而对当时的人们来说，主张地球是宇宙中心的“地心说”才更符合常识。对此持怀疑态度的阿里斯塔克进行了如下的思想实验。

“如果地球绕着太阳转，会怎样呢？”

阿里斯塔克是个能够自由发挥想象力、真正做到享受思考乐趣的人。在阿里斯塔克生活的年代，望远镜还没有被发明出来，因此他需要最大限度地发挥想象力和逻辑思维能力，在头脑中模拟情境。这个过程就是思想实验的过程。

在思想实验中，我们可以自由地设想那些在现实中难以完成的实验。比如，需要庞大的费用支持、存在难以解决的技术问题、存在人权争议、需要耗费很长时间的实验。我们可以在大脑中用思想实验的方式来模拟现实中难以实现的情境。

本书展示了14个思想实验，其中很多问题都没有正确答案。看到这里，可能有的读者觉得思考没有正确答案的问题，最终不会有任何结果。事实上，我们在人生中必须思考的很多问题都没有正确答案。比如，你将来打算做什么？你要选择什么专业？哪个专业适合你？选择哪种职业才是对的？可以说这些问题都没有正确答案。再比如，我们去餐厅吃饭，点哪个菜才是对的呢？诸如这样的问题，我们很难得到正确答案。这就像是去电影院看电影一样，在实际观看影片之前，你很难判断自己究竟会不会喜欢这部电影。由此可见，世界上没有正确答案的问题太多了。所以我们要勤加思考，让自己做出更有利的选择、更果断的决定。对我们的人生来说，发挥想象力和逻辑思维能力是非常重要的。条件允许的话，最好从小就接受这方面的熏陶。

我们处于一个信息大爆炸的时代，遇到问题时只要上网搜索，往往就可以得到答案。因此，能够让我们通过自主思考得出答案的机会变得越来越少。然而，等你长大成人、踏入社会之后，你就会发现有自己的想法多么重要。我们应该从现在起就逐渐让自己学会如何思考。

那么，我们究竟该如何提升思考问题的能力呢？我希望大家尝试一下用思想实验来锻炼自己的逻辑思维能力。思考可能会给人需要绞尽脑汁的印象，但强迫自己去思考是很难提升思维能力的。我们的大脑会对快乐的事情保持高度集中的注意力。当热衷于某事时，我们在不经意间就会掌握新的能力。如果我们可以快乐地思考，我们的注意力就会更加集中。等我们回过神来时，我们已经自然而然地掌握了思考的方法。

读完本书后，你肯定会感受到思考的乐趣，而这种乐趣正是提升思维能力的最大动力。

本书描述了稻垣老师和4名学生在一起进行14个经典的思想实验的讨论场景。各位读者可以把自己当成第5名学生，加入他们的讨论。希望大家一边阅读一边思考，想想如果换作你，你会怎么想。

讨论思想实验的舞台，终于要拉开帷幕了。某天放学后，在学校的教室里，有4名关系很好的学生在交谈……各位读者也请加入他们，一同开启思想实验之旅吧！

2018年2月　北村良子

目 录

前言……………………………………………………………………i

思想实验 ①

该选哪个选项呢?

纽科姆悖论……………………………………………………5

“实”是一种可以预知未来事情的生物，它的预测准确率高达90%~95%。挑战者使用A、B两个盒子和“实”做游戏。挑战者如何选择才能实现利益最大化呢?

思想实验 ②

有矛盾吗?

禁止张贴告示的告示……………………………………27

公共场所的墙壁上是禁止张贴告示的，为了将此规定告知大众，有人在墙壁上张贴了一张“禁止张贴告示”的告示，这种行为违反规定了吗?

草，这两堆干草和驴之间的距离相等。对驴来说，这两堆干草看上去没有区别，选择哪堆都可以。结果是驴停在原地饿死了。这是为什么呢？

思想实验 ⑥

是一瞬间还是漫长等待？

5亿年按钮……73

“5亿年按钮”是一个神奇的按钮。按下这个按钮，你就会得到100万元，但与此同时，你的身体会被传送到另一个空间，然后你必须在这个陌生的空间里度过5亿年，但你并不会因此变老。一旦5亿年到了，你就会失去在这个空间待过的记忆，回到按下按钮的那一瞬间。你会按下这个按钮吗？

思想实验 ⑦

如果过去被改变了，那么现在会是怎样的光景？

时光机……83

时光机终于在2989年被发明出来了。有一个叫龙树的15岁少年，他的母亲在他3岁的时候因为事故去世了。那时，龙树的母亲还怀着龙树的妹妹。龙树乘着时光机回到了他3岁的时候，成功阻止了事故的发生。那么，龙树的妹妹会怎样？这个故事将如何发展呢？

思想实验 ⑩

我有救人的义务吗？

小提琴家与特效药 …… 137

世界上最优秀的小提琴家患了难以治愈的疾病。你与小提琴家有着同样稀有的血型。一天，你陷入了昏迷，等你醒来，发现自己与小提琴家被一根管子连接在了一起。治疗小提琴家的特效药9个月之后才能被研制出来，在此之前，你只要不拔掉与小提琴家之间的管子，就可以挽救他的生命。但与此同时，你也失去了人身自由。你有义务牺牲自己的自由去救小提琴家吗？

思想实验 ⑪

脑中的认知与实际体验得到的信息一样吗？

玛丽——色彩学家 …… 149

为了治好眼睛，玛丽从小就一直戴着只能看到黑色和白色的护目镜。她对色彩非常感兴趣，因此，学习了很多关于色彩的知识。治疗结束后，玛丽终于可以摘掉护目镜看一看外面的世界了。当玛丽摘掉护目镜后，她对色彩会有什么新的感受呢？

克里夫走到沼泽附近时，突然被闪电击中，不幸身亡。与此同时，一件不可思议的事发生了。刚刚被闪电击中身亡的克里夫的尸体发生了奇妙的化学反应，一个和原来的克里夫一模一样的生物诞生了——沼泽克里夫。沼泽克里夫除了没有被闪电击中身亡的记忆之外，他和原来的克里夫一模一样，他与克里夫的家人也能友好相处。不幸被闪电击中而意外身亡的克里夫和沼泽克里夫是同一个人吗?

某天放学后，4名关系很好的同学在教室里聊天。

麻友

“经常有人提到逻辑思维，逻辑思维究竟是什么呢？”

“逻辑思维？”

佑马

小俊

“就是有理有据地思考问题。”

“怎样才算有理有据呢？”

麻友

小俊

“我也一知半解。大家趁此机会一起讨论一下怎么样？”

“……但是，我不想学很难的东西！”

麻友

玲奈

“不要退缩，一点点地学，一定可以学会的。我们一起加油！”

“有没有让人快乐的学习方法呢？”

麻友

教室的门开了。

麻友

“稻垣老师！”

“我听到大家的对话了。你们要不要尝试一种不同于以往的学习方法？”

稻垣老师

玲奈

“不同于以往的学习方法？”

“是的。”

稻垣老师

小俊

“是什么方法呢？”

“大家听说过思想实验吗？”

稻垣老师

佑马

“没……没听说过！”

麻友等学生摇了摇头。

“类似于理科实验吗？”

玲奈

稻垣老师

“思想实验就是在头脑中做实验。与理科实验不同的是思想实验既不需要特殊的实验器材，也不需要特定的实验场所。思想实验随时随地都可以做。”

“理科实验很有趣啊，思想实验连器材都不用，会不会很无聊？”

佑马

麻友

“听上去很难……”

“思想实验也很有趣。我们尝试一下吧。”

稻垣老师

麻友　小俊　玲奈　佑马

“好的！”

稻垣老师

小俊

玲奈

佑马

麻友

思想实验①

该选哪个选项呢?

纽科姆悖论

稻垣老师

“不知道大家有没有听说过纽科姆悖论?”

稻垣老师一边说一边在黑板上画了两个盒子。

稻垣老师

“大家思考一下,是选盒子 A 呢,还是两个盒子都选呢?”

麻友

“悖论?”

佑马

“那应该是一道难题……”

玲奈

“这是一个二选一的问题吧?我觉得应该没有那么难。”

大家看着稻垣老师在黑板上画的两个盒子，露出了困惑的神情。

稻垣老师

“悖论指可以同时推导或证明两个互相矛盾的命题的命题。在这个命题中蕴含着两个对立的观点，而这两个观点又都能自圆其说。人们在思考悖论时，常常会感到迷惑，因为悖论中的某一观点乍一看好像是正确的，但换个角度思考，我们又会觉得这个观点是错误的”。

“一个人看起来像30多岁，但实际上已经52岁了！悖论会给人这样的感觉吗？”

小俊

稻垣老师

“你的猜测不完全对，大家还是先试着思考一下吧。”

“好的！”

小俊

佑马

麻友

玲奈

有一种叫“实”的生物，它预测未来事情的准确率高达90% ~ 95%。

现在有A、B两个盒子放在你面前。你可以只选盒子A，也可以两个盒子都选。由于在我们的设定中，只选盒子B是不会得到任何好处的，所以我们不考虑只选盒子B的情况。

这样问题就变成了你是只选盒子A，还是两个盒子都选呢？

A

B

接下来，我来说明一下游戏规则。

首先，作为挑战者，你将站在一扇已经关闭的门前面。

当你站在门前时，房间里的“实”会预测你进门后的行为，即下面两种行为中的一种。

行为1：你会选盒子A。

行为2：你会两个盒子都选。

如果“实”预测挑战者选择“行为1”的话，策划人就会在盒子A里放1亿元，在盒子B里放10万元。

如果“实”预测挑战者选择“行为2”的话，策划人就会在盒子A里什么都不放，在盒子B里放10万元。

也就是说，如果“实”预测挑战者两个盒子都选的话，盒子A就是空的。

策划人准备好后，就会请你进入房间。你面临两个选择：是选择盒子A，还是两个盒子都选。

需要提醒大家的是从你进入房间的那一刻起，策划人就再也没有碰过摆放在房间里的两个盒子。

此刻，终于轮到你开动脑筋了。为了实现利益最大化，你会如何选择?

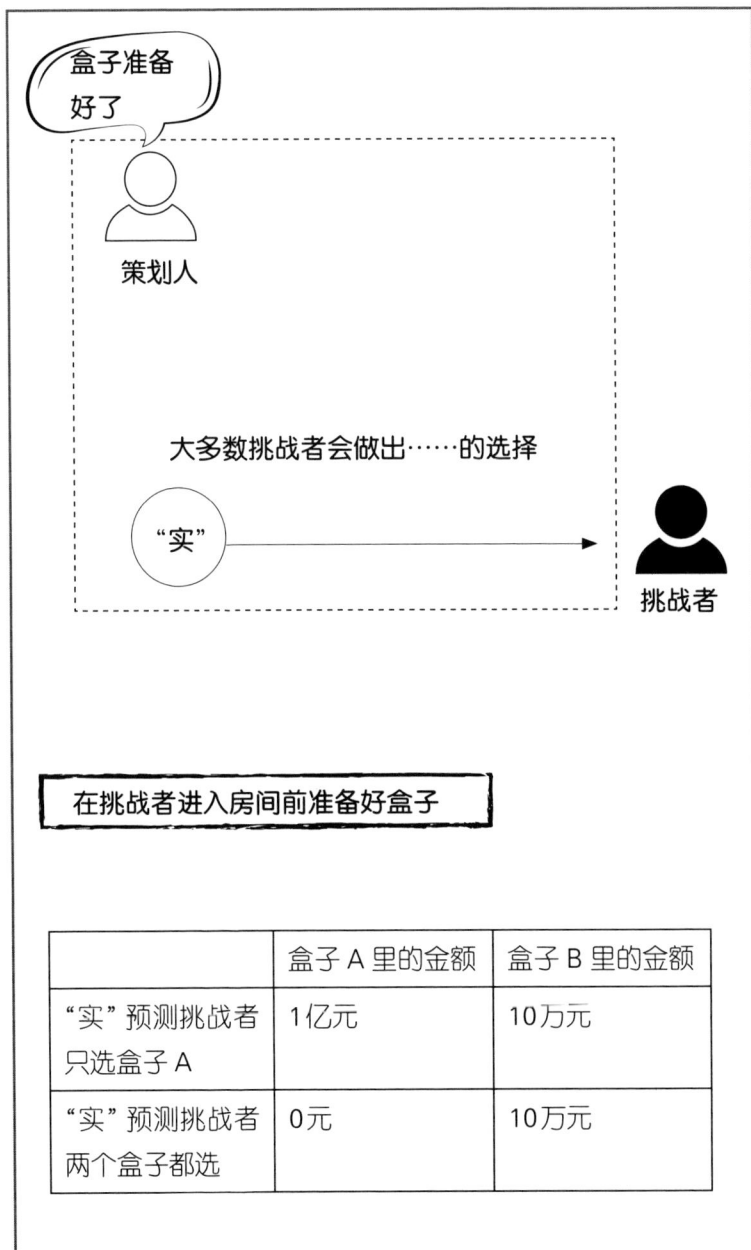

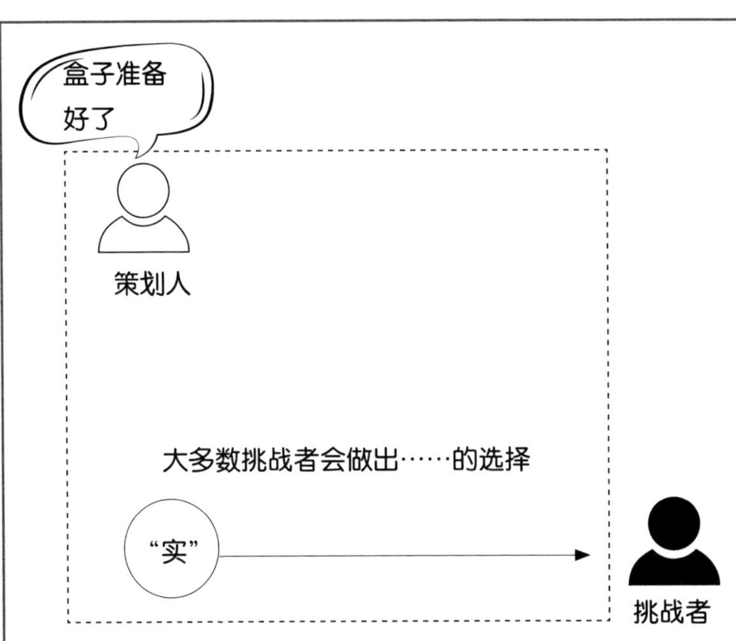
盒子准备
好了
策划人
大多数挑战者会做出……的选择
“实”
挑战者

在挑战者进入房间前准备好盒子

	盒子 A 里的金额	盒子 B 里的金额
“实”预测挑战者只选盒子 A	1亿元	10万元
“实”预测挑战者两个盒子都选	0元	10万元

稻垣老师

“大家集思广益，看看怎么选吧！是只选盒子 A，还是两个盒子都选？只选盒子 B 这种情况，我们暂时先不考虑。”

麻友等学生开始认真思考起来。一阵沉默后，玲奈最先表达了自己的观点。

玲奈

“假设‘实’的预测是准确的，那么，如果只选盒子 A 的话，我能得到1亿元，如果两个盒子都选的话，我就只能得到10万元。这样看来，我会只选盒子 A。因为‘实’预测未来事情的准确率达90% ~ 95%。”

小俊

“我也这么认为，我的选择和玲奈的选择一样。这真的是个悖论吗？我觉得很容易做出选择呀！”

此时，佑马做出了不同于玲奈和小俊的选择，并说出了他的想法。

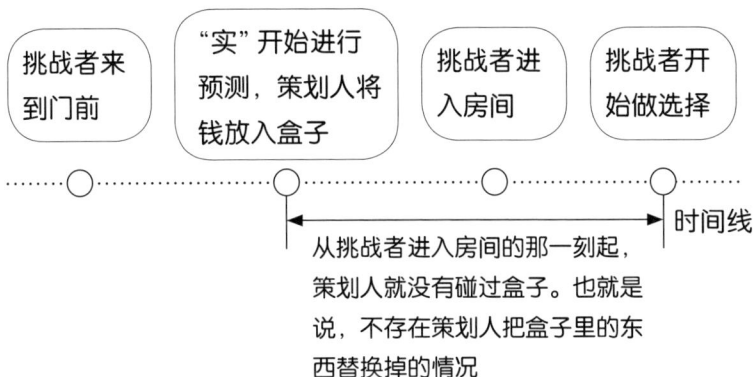

挑战者来到门前

“实”开始进行预测，策划人将钱放入盒子

挑战者进入房间

挑战者开始做选择

时间线

从挑战者进入房间的那一刻起，策划人就没有碰过盒子。也就是说，不存在策划人把盒子里的东西替换掉的情况

佑马

“你们想啊，我们选盒子是在策划人把钱放入盒子之后，对吧？在我们选盒子之前，盒子里所放的金额已经是确定的了，不是吗？无论我们做出怎样的选择，盒子里面的金额是不会改变的。因为从挑战者进入房间的那一刻起，策划人就不能再碰盒子了。虽然我不知道盒子A里面有多少钱，但最好还是两个盒子都选。”

小俊

“啊！原来如此。但是如果两个盒子都选的话，很可能就得不到1亿元……我应该怎么办呢？”

稻垣老师

“以上的过程就是思想实验！”

“我明白了，思想实验是不是就是在头脑中做实验呀？”

小俊

稻垣老师

“没错，思想实验就是假设一些现实中很难做到的条件，然后去思考会产生怎样的结果。就像上面这个思想实验一样，现实中不可能存在像‘实’这样的生物，也不太可能出现免费送1亿元的情境。但在思想实验中，我们可以使用现实并不存在的工具，或者想象一下做了现实中不被允许的事后，结果会如何。像那种既浪费金钱又耗费时间的实验，如果能通过思想实验的形式来完成就好了。”

“原来如此，思想实验是不是和逻辑思维有关系呀？”

麻友

稻垣老师

“经过一番认真思考后，大家都表达了自己的想法。其实，做出选择的过程就是训练逻辑思维的过程。话不多说，我们继续思考吧。”

本次思想实验的主题

稻垣老师

“到底是选盒子 A 能实现利益最大化，还是两个盒子都选能实现利益最大化呢？”

你会怎么选呢？试着将自己置于他们的对话情境中，一起做这个思想实验吧。

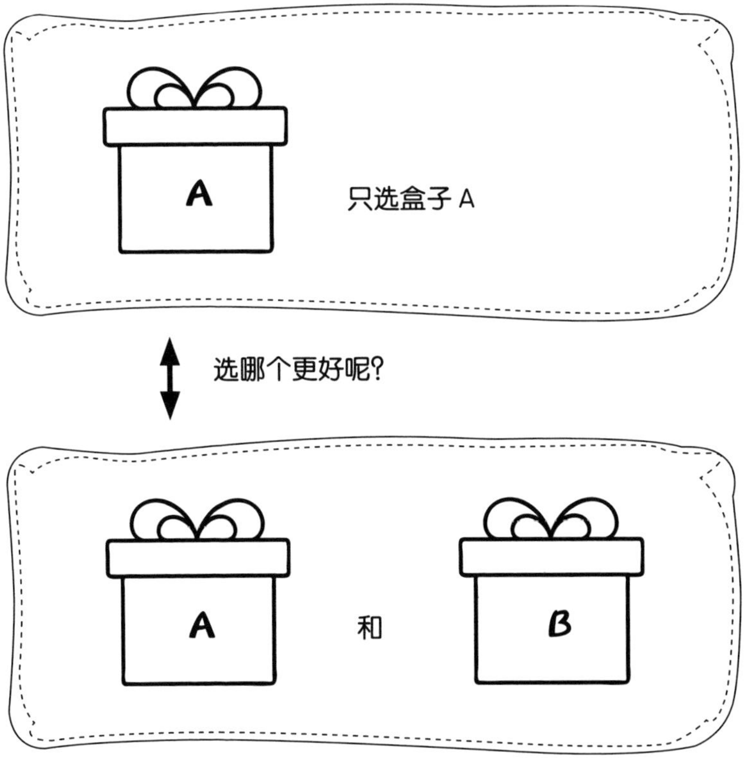

A

只选盒子 A

选哪个更好呢？

A 和 B

让我们认真地想一想……

稻垣老师

“首先，请先思考一下只选盒子 A 的情况。”

麻友

“我明白了！在只选盒子 A 的情况下，只要‘实’的预测准确，我就可以得到1亿元。”

麻友等学生开始讨论起来。

玲奈

“我还是想只选盒子 A。如果能得到1亿元，我愿意放弃盒子 B 里的10万元。”

麻友

“但话又说回来，就算‘实’预测未来事情的准确率高（90% ~ 95%），也做不到万无一失呀。如果它预测错误的话，我连一分钱也得不到了。”

佑马

“一分钱也得不到实在不划算，明明可以得到更多的钱呢！”

“我还是选择相信‘实’。”

玲奈

小俊

“只有在‘实’预测挑战者选盒子 A 的情况下，策划人才会在盒子里放1亿元，对吧？”

玲奈：“没错，是这样的。”

玲奈

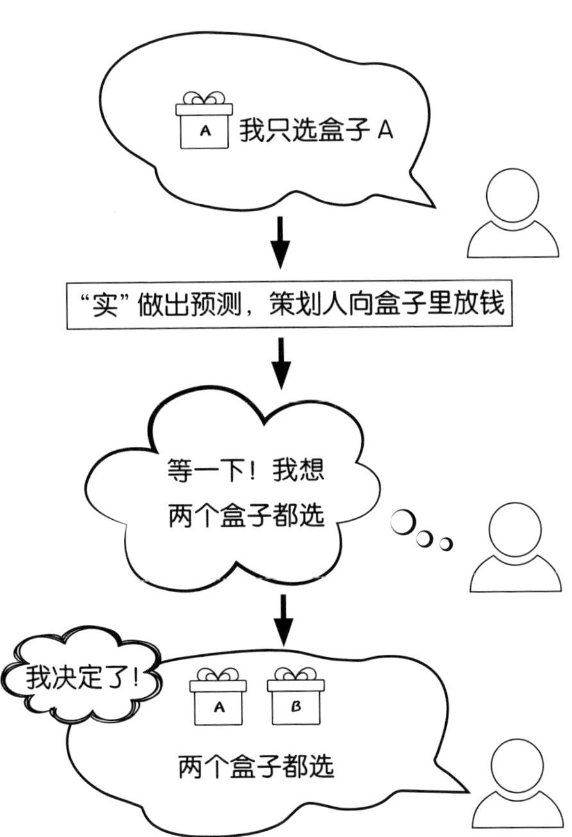
A
我只选盒子 A
“实”做出预测，策划人向盒子里放钱
等一下！我想
两个盒子都选
我决定了！
A
B
两个盒子都选

小俊

“比如，之前决定只选盒子 A 的人，在做选择的那一刻临时变卦了，选了两个盒子，那么，这时候盒子 A 里还会有1亿元吗？”

玲奈

“这可难倒我了。如果这样的话，我不知道盒子 A 里是否还有1亿元。”

佑马

“我觉得盒子 A 里有1亿元。挑战者做选择的那一刻，盒子里的金额是不会发生变化的。因为，挑战者从进入房间的那一刻起，策划人就不能再碰盒子了，所以就算‘实’后来知道挑战者的想法改变了，已经被放进盒子 A 的金额也不会发生变化。”

麻友

“事实真的如此吗？‘实’有没有可能在一开始就看穿了那些会临时变卦的人的想法呢？”

佑马

“原来还有这种可能呀！‘实’能完全看穿挑战者的想法吗？”

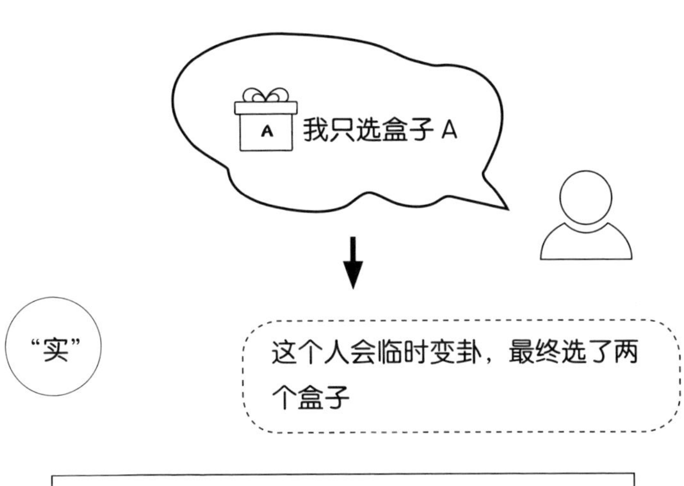
A
我只选盒子 A
"实"
这个人会临时变卦，最终选了两个盒子

"实"做出预测，策划人向盒子里放钱

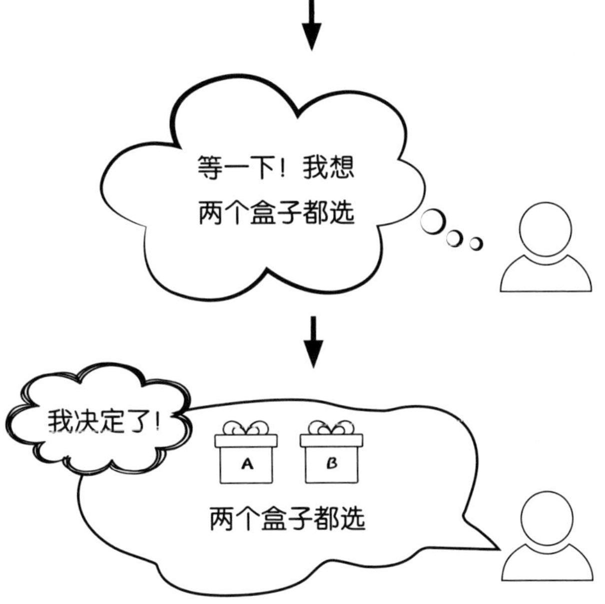
等一下！我想
两个盒子都选
我决定了！
A
B
两个盒子都选

如果完全相信“实”的预测，会出现以下情况。

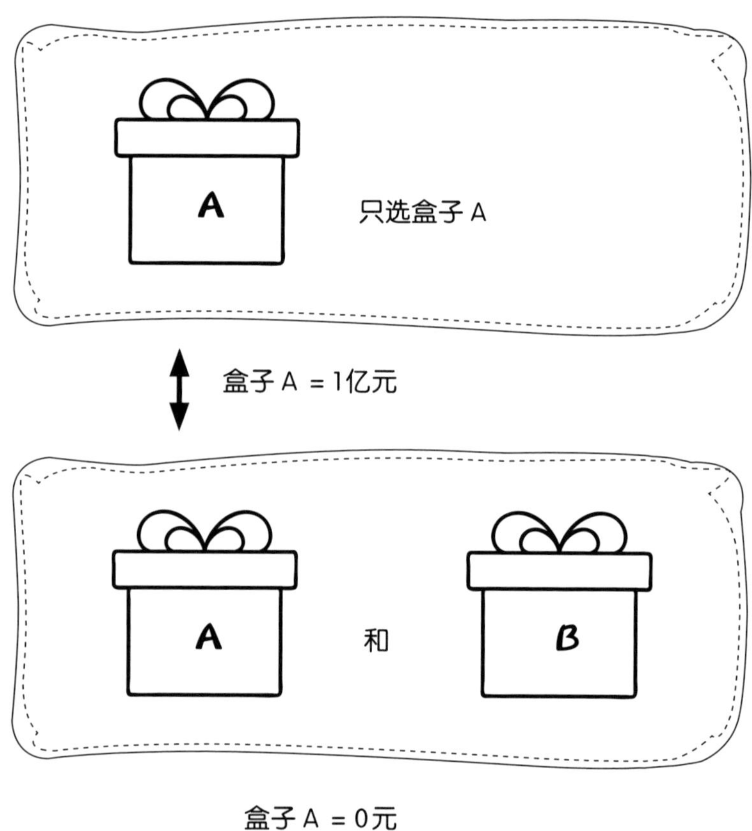
A
只选盒子 A
盒子 A = 1亿元
A
和
B

盒子 A = 0元

盒子 B = 10万元

合计10万元

只选盒子 A 得到的金额更高

稻垣老师

“感觉大家的思绪有点乱了。现在，让我们换个角度来思考吧。”

玲奈

“如果两个盒子都选的话，盒子 A 就是空的呀。”

小俊

“应该是这样的。如果盒子 A 是空的，那么盒子 B 里就有10万元，我觉得在这个实验中得到10万元的概率很大。”

麻友

“虽然10万元跟1亿元相比金额要少，但考虑到如果只选盒子 A，盒子 A 里可能是空的，所以两个盒子都选会更保险，因为两个盒子都选，至少能得到10万元，这样就避免了什么都得不到的情况！”

佑马

“话说回来，挑战者在做选择时，盒子里面的金额就已经是确定的了，通常情况下人们不可能只选盒子 A，肯定两个盒子都选。”

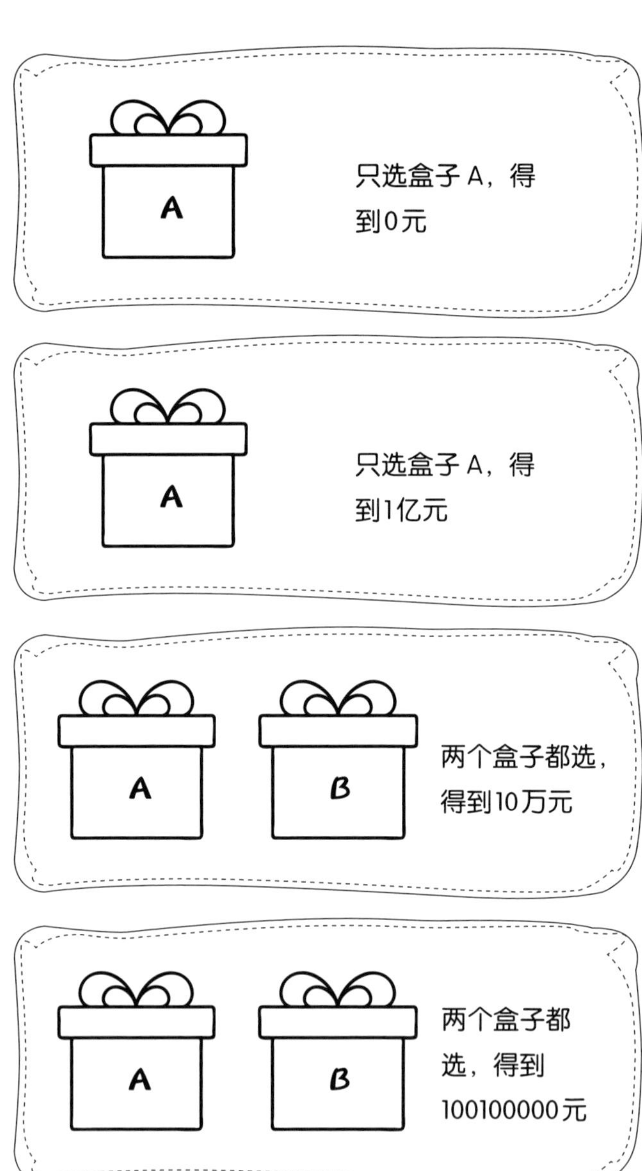
A
只选盒子 A，得到0元
A
只选盒子 A，得到1亿元
A
B
两个盒子都选，得到10万元
A
B
两个盒子都选，得到100100000元

两个盒子都选，不会出现一无所获的情况

小俊

“确实，两个盒子都选我们至少能得到10万元。”

玲奈

“的确，两个盒子都选的好处就是可以避免一无所获。我认为佑马的想法太片面了，我总觉得我们的想法会被‘实’看穿！”

麻友

“你说的有道理，最终能得到多少钱，还是取决于‘实’能否在挑战者做出选择前就看穿挑战者会不会在做选择时变卦。”

稻垣老师

“是时候来总结一下了。大家的最终答案是什么呢？”

小俊

“就佑马的观点而言，在我们选盒子时，盒子里面的金额就已经是确定的了，所以两个盒子都选会更划算。通过上面的推理可知，两个盒子都选，我们至少可以得到10万元，这样能避免一无所获。”

小俊继续总结。

因为挑战者从进入房间的那一刻起，策划人就不能再碰盒子了，所以盒子里的金额是不会变的。

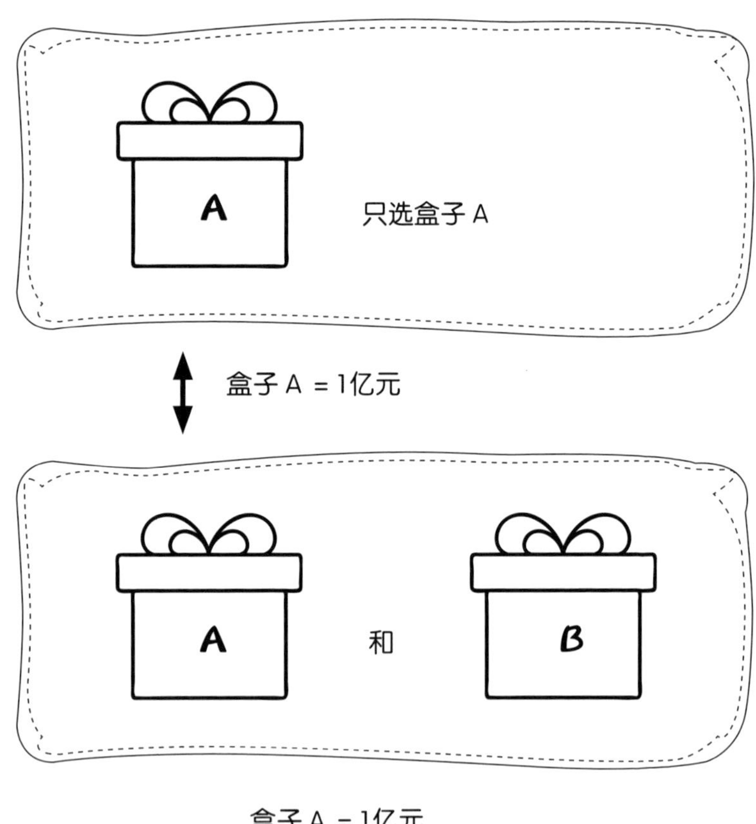

A
只选盒子 A
盒子 A = 1亿元
A
和
B

盒子 A = 1亿元

盒子 B = 10万元

合计：1亿元 + 10万元

两个盒子都选，能实现利益最大化

小俊

“而另一方面，正如麻友所说，如果‘实’预测到了挑战者会在做选择时变卦的话，只选盒子 A，挑战者得到的钱会更多。因为‘实’的预测很准。”

玲奈

“这个问题其实没有正确答案。那些不想一无所获的人一定会两个盒子都选。而相信‘实’的人则很可能会只选盒子 A。我还是选择相信‘实’，只选盒子 A。”

佑马

“原来如此。感觉大家的思路越来越清晰了。”

麻友

“这就是所谓的逻辑思维吧。”

佑马

“绞尽脑汁并快乐着，应该就是我现在的状态。”

麻友等学生似乎都得出了令自己满意的答案。

稻垣老师

“有调查研究表明，在30000个回答中，只选盒子A的占了53.5%，两个盒子都选的占了46.5%。想法不同，做出的选择也是不同的。今天的思想实验就到这里，明天我们再继续吧。”

玲奈

“好的，我很期待明天的思想实验。”

麻友

“我们这算不算成立了一个思想实验小组呀！”

小俊

“接下来，我还想继续挑战各种难题。”

一起思考一下吧！

看到这里，你有哪些收获呢？希望你在理解麻友等学生对话的基础上，思考下面几个问题。

1 只选盒子 A 的情况。

2 两个盒子都选的情况。

3 是只选盒子 A，还是两个盒子都选呢？

小结

纽科姆悖论是哲学家、数学家威廉 · 纽科姆于19世纪60年代末期提出的思想实验。请思考，如果存在可以预知未来事情的机器或生物的话，情况会如何？这是一个到目前为止都没有正确答案的难题。

各位读者的答案是什么呢？是只选盒子 A，还是两个盒子都选呢？

因为“实”的预测很准，所以，只选盒子 A，挑战者得到1亿元的概率比较高。

如果你怕只选盒子 A 后一无所获而选了两个盒子，那么，你就可能错失1亿元。这样看来，还是只选盒子 A 更划算。

“实”预测结束后，策划人会将钱放进盒子里。不管你是只选盒子 A，还是两个盒子都选，盒子里面的金额都不会因此而发生变化。所以两个盒子都选能实现利益最大化。

思想实验 ②

有矛盾吗?

禁止张贴告示的告示

稻垣老师

“思想实验有时也会发生在我们的日常生活中。我们一起看看下面这个案例吧。”

某个公共场所的墙壁上张贴了一张告示，上面写着“禁止张贴告示”。

路过的人说:“这张告示不正好违反了‘禁止张贴告示’这项规定吗?”

那么，张贴禁止张贴告示的告示真的违反规定了吗?

本次思想实验的主题

稻垣老师

"在一张纸上写'禁止张贴告示',然后把它贴在墙壁上,这不就是在禁止张贴告示的墙壁上张贴了告示吗?大家觉得这张告示有没有违反规定呢?"

让我们认真地想一想……

稻垣老师在纸上写下"此墙壁禁止张贴告示",然后将这张纸贴在了黑板上。

稻垣老师

"虽然直接写'禁止张贴告示'更直观,但我还是想把句子写得长一点儿。"

玲奈

"禁止张贴告示的墙壁上贴了一张写有'此墙壁禁止张贴告示'的纸,我不会对此产生疑问。如果不讨论这样做是否违规,我觉得这张纸还是有必要存在的。"

麻友等学生看着贴在黑板上的纸开始思考起来。

麻友

“我觉得贴这样的告示是有道理的。如果不贴告示，其他的传单、告示就会贴在这面墙壁上。”

小俊

“但是，一旦贴了这张写有‘此墙壁禁止张贴告示’的纸，就不能保证这面墙上没有告示，这么一想还挺有意思的。”

佑马

“假设写有‘此墙壁禁止张贴告示’的纸贴在墙壁上没有违反规定，那么，爱恶作剧的人仿照这张纸将写有‘此墙壁禁止张贴告示’的纸贴满整面墙壁，又会怎样呢？”

佑马一边说一边在纸上写“此墙壁禁止张贴告示”，然后将这张纸贴在了黑板上。

玲奈

“这么一看，的确有点儿过分。”

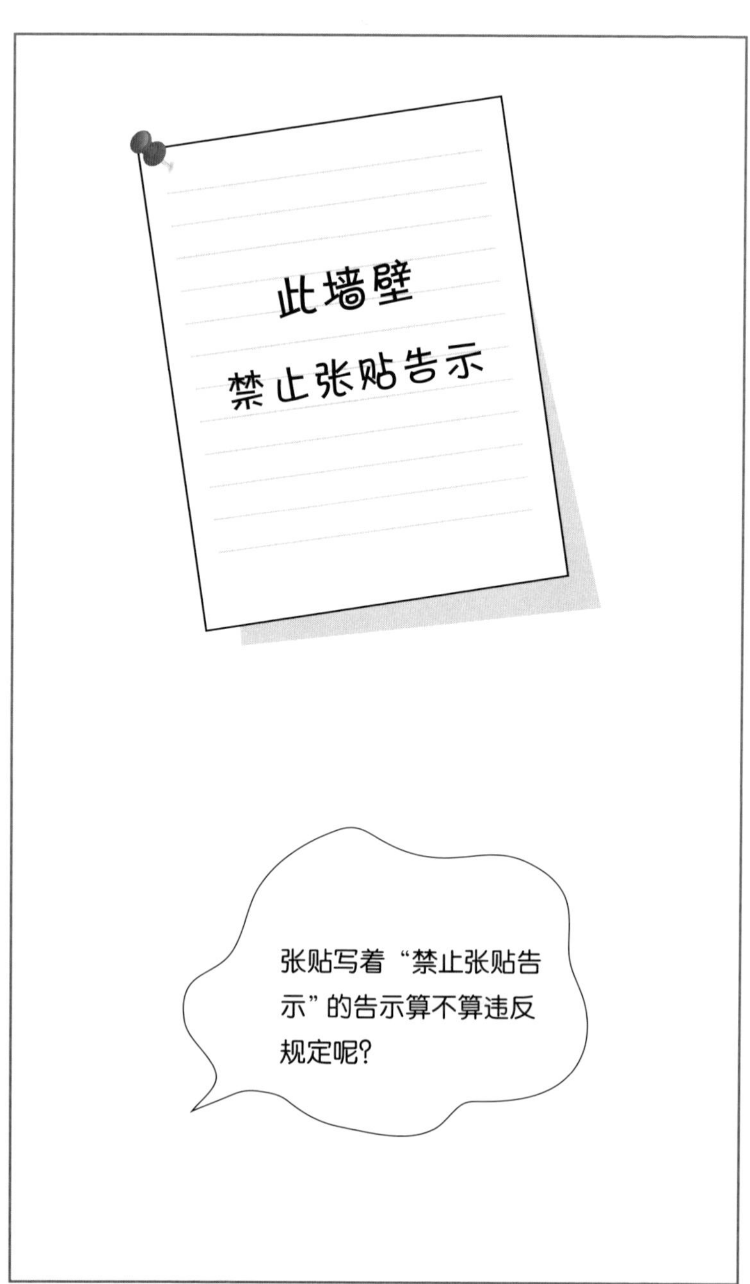
此墙壁
禁止张贴告示
张贴写着“禁止张贴告示”的告示算不算违反规定呢?

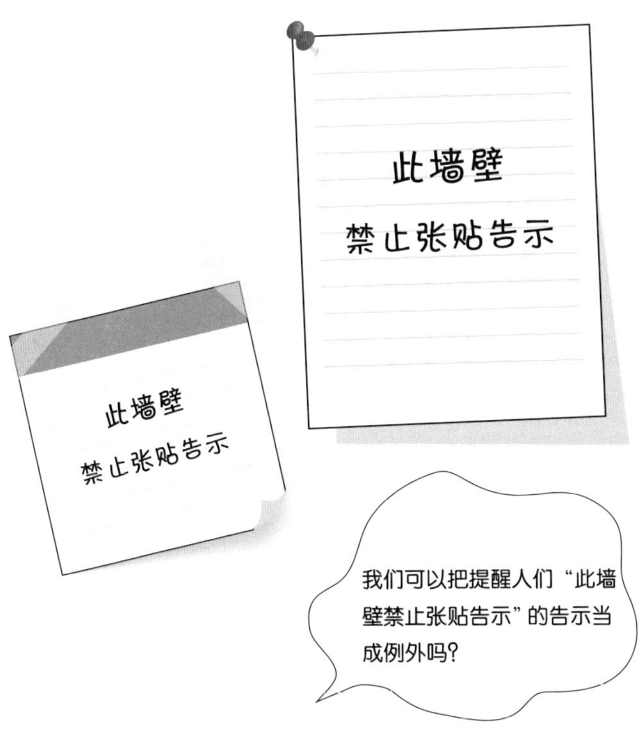
此墙壁
禁止张贴告示
此墙壁
禁止张贴告示
我们可以把提醒人们“此墙壁禁止张贴告示”的告示当成例外吗？

佑马

“禁止在这面墙壁上张贴告示，一旦贴上了这张告示，岂不是完全没有说服力了吗？”

麻友

“如果‘此墙壁禁止张贴告示’这句话没有写在纸上并张贴出来，而以其他的形式展示出来，算不算违反规定呢？比如，将‘此墙壁禁止张贴告示’这句话写在木板上，然后将这块木板挂在墙壁上。”

佑马

“这样的话，其他想要张贴告示的人，也很有可能模仿这种形式，把广告写在木板上，再将木板挂在墙壁上。这样做虽然没有违反张贴告示的规定，但依然会被人钻空子。”

麻友

“嗯，要不这样吧，写上‘此墙壁禁止张贴告示 ，此告示除外’，大家觉得可以吗？”

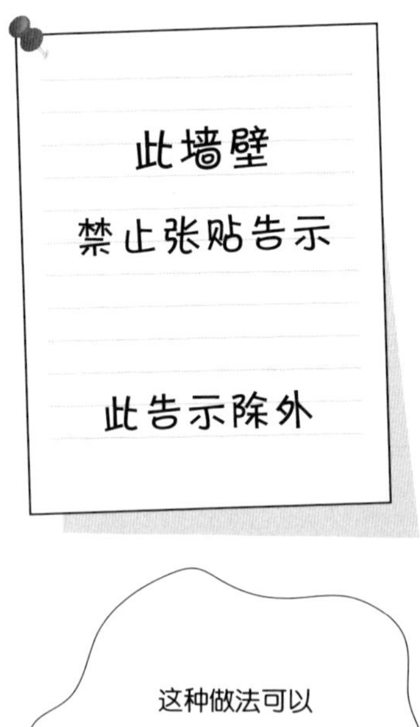
此墙壁
禁止张贴告示
此告示除外

这种做法可以
消除矛盾吗?

说完，佑马在稻垣老师之前贴在黑板上的纸上加了“此告示除外”几个字，并把他刚刚贴在黑板上的那张纸揭了下来。

麻友

“如此一来，这张纸就变成了特例，那么，在此墙壁上贴这张告示就不算违反规定了吧？”

佑马

“我觉得这样还是不行，因为人们还是可以模仿它。”

佑马一边说一边在揭下来的纸上飞速地写下“此告示除外”几个字，然后又把它贴在了黑板上。

小俊

“这样岂不是没完没了了吗？”

佑马

“或许我们就不该提出这种问题。因为只要在墙壁上贴出写着‘禁止张贴告示’的纸，大家就会明白，任何人都不能在这面墙壁上张贴告示。”

稻垣老师

“哈哈哈，你说的没错。这个思想实验清楚地展示了何为悖论，当然这只是悖论的一个案例。我们的初衷是想提醒大家不能在此墙壁上张贴告示，却又不得不通过张贴告示这种形式来提醒大家。”

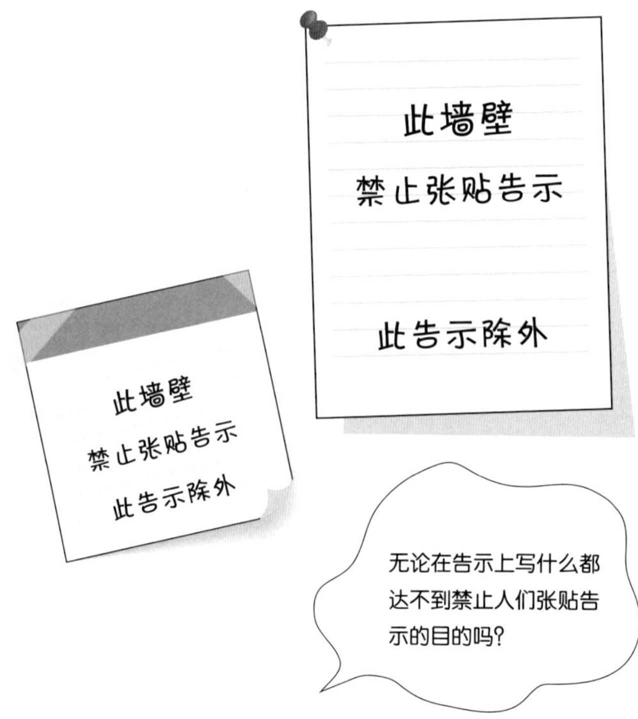
此墙壁
禁止张贴告示
此告示除外
此墙壁
禁止张贴告示
此告示除外
无论在告示上写什么都达不到禁止人们张贴告示的目的吗？

一起思考一下吧!

麻友等学生和稻垣老师就张贴禁止张贴告示的告示是否违规这一问题展开了热烈的讨论，他们还探讨了如何做才能杜绝随处乱贴告示的现象。

在解决悖论问题时，有逻辑地进行思考并及时与他人交换意见，可以使大家的思维保持同步，不偏离论点。

看了他们的讨论之后，你有没有想过，如果是你，你会如何考虑呢？你可以从以下几个方面对这个问题进行深入的思考。

1 在禁止张贴告示的墙壁上张贴告示，其中有着怎样的矛盾呢？试着总结一下吧。

2 想简单明了地提醒人们不要在墙壁上张贴告示，除了贴一张写有“禁止张贴告示”的纸之外，还有没有其他更好的办法呢?

小结

这个思想实验展示的是经常发生在我们日常生活中的一个悖论。这个悖论不仅能让我们明白悖论就存在于日常生活中，还能使我们亲身体会到悖论存在的意义。

我想再举几个例子来加深大家对悖论的理解。这些例子都很适合作为思想实验的素材。

有一个全知全能的人，没有什么是他做不到的。

另一个人对他说："请造出一块连你也举不起来的石头吧。"

一旦这个全知全能的人满足了此要求，矛盾就会产生。那么，具体是哪里不对劲呢?

没错，问题就出在"没有什么是他做不到的"这一点上。因为他无所不能，所以他能造出常人没有办法举起来的石头。然而，对他来说，无论多么重的东西，他都可以举起来。因此，他无法造出自己也举不起来的石头。而当他回答"没有什么是我做不到的，无论多重的石头我都可以举起来，我不可能造出自己也举不起来的石头"时，矛盾就产生了。

类似于这样的悖论还有很多，我们再来看看下面这个例子。

骗子说的话都是谎话。有一个骗子说："我是骗子。"

在如此简单的话中就产生了一个悖论。你们发现了吗?

按道理说，骗子说的话都是谎话，但"我是骗子"这句话却道出了一个事实，"我是骗子"对骗子而言是一句真话。说真话的人就是诚实的人，而非骗子，而这个骗子说的这句话却是"我是骗子"。

换言之，骗子虽然说"我是骗子"，但他没有骗人。这个骗子告诉了人们一个事实，而这个事实是"我是骗子"。正是因为这二者之间产生了很明显的矛盾，所以我们才会感到奇怪。

像这样的悖论很令人头痛，但不可否认的是悖论的确会让人们体会到思考的乐趣。

思想实验③

追得上还是追不上？

阿喀琉斯与乌龟

稻垣老师

“接下来，我们试着思考一个经典的思想实验，即阿喀琉斯与乌龟的故事。”

跑得快的阿喀琉斯和跑得慢的乌龟要进行赛跑。如果同时起跑的话，阿喀琉斯肯定赢。为了公平起见，人们让乌龟先于阿喀琉斯起跑。即使这样，阿喀琉斯肯定也会很快超过乌龟，获得胜利。

此时，有一位老人却说：“阿喀琉斯永远不可能追上乌龟。”

周围的人将目光转向老人，都表示很疑惑。老人为什么会这样说呢？

老人解释道：“假设阿喀琉斯此时在A地，乌龟在他前面的B地。一段时间后，阿喀琉斯到达了原先乌龟所在的B地，而此时的乌龟，应该已经爬行到了更前面的C地。”

人们纷纷点头：“确实如此。”

“当阿喀琉斯到达C地时，乌龟则又向前爬行到了D地。照此类推，等阿喀琉斯到达D地时，乌龟肯定继续向前爬到了E地。因为这个过程将会永远持续下去，所以阿喀琉斯永远不可能追上乌龟。”

人们陷入了沉思。大家都找不出老人的话究竟哪里有漏洞。

而事实是比赛开始后不久，阿喀琉斯就追上了乌龟并超过了它。明明现实中的阿喀琉斯可以轻松地追上乌龟，但为什么大家都觉得老人的话听上去准确无误呢？

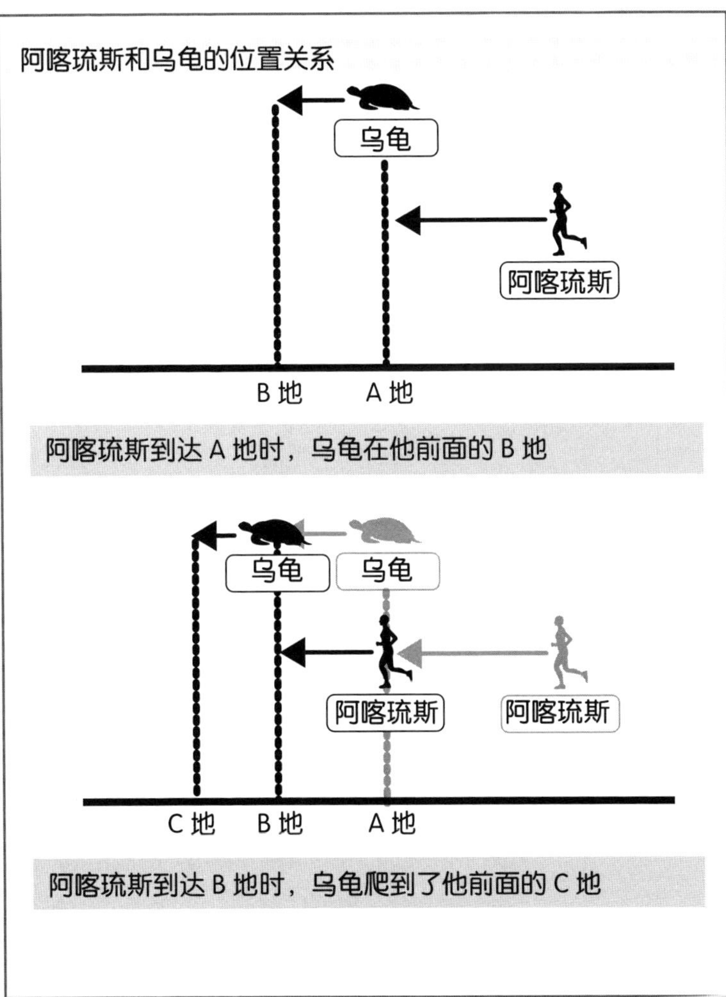
阿喀琉斯和乌龟的位置关系
乌龟
阿喀琉斯
B 地
A 地
阿喀琉斯到达 A 地时，乌龟在他前面的 B 地
乌龟
乌龟
阿喀琉斯
阿喀琉斯
C 地
B 地
A 地
阿喀琉斯到达 B 地时，乌龟爬到了他前面的 C 地

本次思想实验的主题

稻垣老师

“老人认为阿喀琉斯永远不可能追上乌龟，而现实中，阿喀琉斯很快就追上了乌龟，老人的推理错在哪里呢？为什么在老人设定的情境中，阿喀琉斯永远追不上乌龟呢？我希望你们能找出老人话中的漏洞，而不是告诉我老人的回答是错误的。”

让我们认真地想一想……

佑马

“阿喀琉斯跑得快，本来就不可能输给乌龟。所以，我觉得阿喀琉斯追不上乌龟这个结论是错误的。”

麻友

“刚刚稻垣老师已经说过了，‘因为现实中阿喀琉斯很快就追上了乌龟，所以老人的话是错误的’这样的回答是不能成为这个问题的答案的。”

玲奈

“虽然我认为阿喀琉斯可以追上乌龟，但我也觉得老人的话有道理。太奇怪了！”

麻友

"确实是这样！我也觉得老人的话好像没错。阿喀琉斯到达 B 地时，乌龟已经爬到了 C 地，同理可知，当阿喀琉斯在 S 地时，乌龟应该已经爬到 T 地了。这个过程将会永远持续下去……"

玲奈

"现实中明明是阿喀琉斯跑得更快，但按照老人的推理，阿喀琉斯永远不可能追上乌龟。问题到底出在哪里呢？"

佑马

"老人说的话到底错在哪儿呢？"

小俊

"是不是'永远持续下去'这个表述有问题呀？如果这个过程真的能永远持续下去的话，那么，阿喀琉斯的确永远追不上乌龟。"

稻垣老师

"结果大家都知道了，阿喀琉斯不费吹灰之力就追上了乌龟。我希望大家能认真地思考一下阿喀琉斯为什么可以追上乌龟？为什么实际结果和老人的预测不一样？"

麻友等学生听完稻垣老师的话后，陷入了沉思。

小俊

“事实上，阿喀琉斯很快就追上了乌龟，所以说阿喀琉斯追不上乌龟这个结论肯定是有问题的。但是，应该如何证明老人的话是错误的呢？”

玲奈

“如果我们将思维一直局限于结论，接下来无论我们怎么思考都会被‘阿喀琉斯追不上乌龟’这个先入为主的想法束缚。因此，我们需要从另一个角度思考问题。”

麻友

“也就是说要改变对事物的看法。”

佑马

“有道理。那么，我们试着计算一下阿喀琉斯多久能追上乌龟吧。说不定通过计算，我们能得到启发。”

麻友

“我觉得这个方法不错。”

稻垣老师

“好！我们设定阿喀琉斯的速度为10米/秒，乌龟的速度为1米/秒。阿喀琉斯起跑时距离乌龟72米。阿喀琉斯多少秒后可以追上乌龟呢？
大家试着计算一下吧。”

玲奈

“如果阿喀琉斯的速度是乌龟速度的10倍，岂不是阿喀琉斯一下子就可以追上乌龟了吗？”

麻友

“对！阿喀琉斯的速度是10米/秒，乌龟的速度是1米/秒，也就是说，每过1秒，阿喀琉斯和乌龟之间的距离就可以缩短9米，如此看来，缩短72米只需要……”

佑马

“8秒！”

小俊

“根据计算结果可知，阿喀琉斯8秒后可以追上乌龟。”

小俊把计算结果写在了黑板上。

稻垣老师

“接下来，我们根据刚刚的计算结果试着再说明一下这个思想实验吧。”

佑马

“阿喀琉斯明明很快就可以追上乌龟，但老人偏偏说阿喀琉斯追不上乌龟，我觉得老人不应该一开始就这么说。”

玲奈

“话虽如此，但为什么人们会觉得老人说的有道理呢？”

小俊

“事实大家已经都知道了，‘老人提到的这个过程’绝不会永远持续下去。我们通过计算知道‘这个过程’只持续了8秒。”

麻友等学生转过头，看着黑板上的计算结果，又陷入了思考。

麻友

“阿喀琉斯追不上乌龟这件事只持续了8秒，对吧？也就是说，老人的话在阿喀琉斯追上乌龟前8秒内是正确的。”

小俊

“我觉得从这个角度思考很好。众所周知，阿喀琉斯最初肯定是追不上乌龟的。”

阿喀琉斯和乌龟的位置关系

在阿喀琉斯追上乌龟之前，乌龟肯定在阿喀琉斯的前面

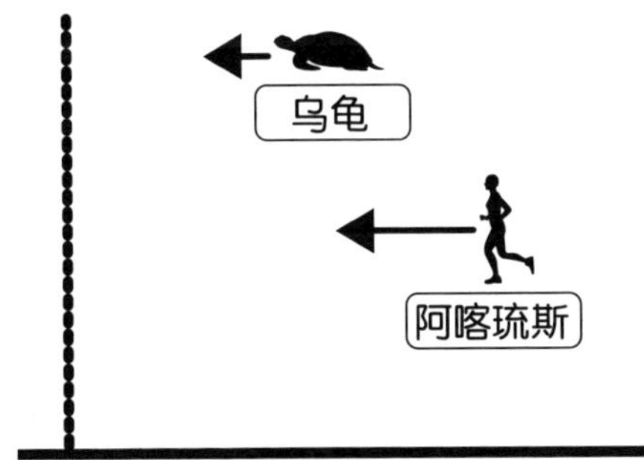
乌龟
阿喀琉斯

在这里，阿喀琉斯追上乌龟

阿喀琉斯追上乌龟之后，阿喀琉斯肯定在乌龟的前面

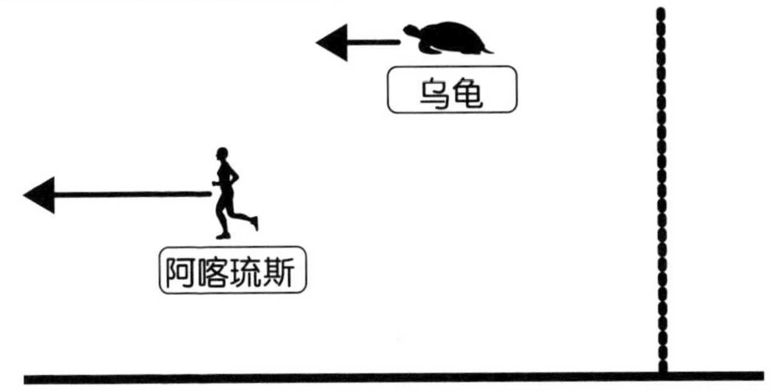
乌龟
阿喀琉斯

在这里，阿喀琉斯已经超过了乌龟

玲奈

“这是毋庸置疑的呀！”

“啊，我明白了，无论乌龟处在哪个位置，只要乌龟还在阿喀琉斯的前面（事实上是比赛开始后前8秒内），老人的话就是对的。”

佑马

玲奈

“如果将第8秒细分成无限个极短的时间段，那么就会出现V地、W地……如此无限循环下去了。”

“但是，再怎么细分，第8秒总有结束的时候，所以，老人的话只适用于比赛开始后前8秒内的情境。”

麻友

一起思考一下吧！

围绕阿喀琉斯与乌龟这一话题，麻友等学生进行了热烈的讨论。

看完他们的对话后，你也思考一下老人的话吧，并试着说一说老人的话中的漏洞。你可以从以下几个方面进行思考。

1 在阿喀琉斯与乌龟的故事里到底隐藏着什么矛盾？

2 故事中的老人认为阿喀琉斯永远追不上乌龟，真的是这样吗?

3 计算阿喀琉斯多久追上乌龟后，我们为什么还是觉得老人的话有道理呢?

小结

“阿喀琉斯与乌龟”这个思想实验是由公元前5世纪中期的古希腊哲学家芝诺提出的。芝诺并不是想要强调阿喀琉斯追不上乌龟，而是想通过这个思想实验来说明时间是不可能无限分割的。

即使阿喀琉斯在乌龟起跑之后再出发，也能很快追上乌龟。

但像“当阿喀琉斯到达 D 地时，乌龟爬到了在阿喀琉斯前方的 E 地”这样的说法听起来似乎没有问题，这是为什么呢?

以稻垣老师的假设为条件，通过计算可知，阿喀琉斯会在第8秒追上乌龟，然后在下一个瞬间超过乌龟。

阿喀琉斯和乌龟到达 C 地、D 地的时间分别是他们起跑后的第几秒呢? 如果 E 地表示的是在比赛开始5秒后阿喀琉斯跑到的地方，那么此时乌龟在前，阿喀琉斯在后。同理，在比赛开始后的8秒内，无论阿喀琉斯到达了哪儿，老人的话都是正确的，也就是说老人将阿喀琉斯追上乌龟前的场景进行了无限分割。

5秒后、7秒后、7.5秒后、7.9秒后、7.99秒后、7.999秒后……在阿喀琉斯还没追上乌龟的这段时间里，因为时间可以被无限分割下去，所以我们才觉得阿喀琉斯似乎永远追不上乌龟。

思想实验④

可以仅凭字面上的意思进行判断吗?

突击测试悖论

稻垣老师

“接下来要做的思想实验大家都非常熟悉。”

小俊

“是什么思想实验呢?”

稻垣老师

“突击测试呀!”

佑马

“我不喜欢!”

稻垣老师

“大家不要抵触，放轻松。在这个思想实验中，主人公叫健太。对于突击测试，健太进行了思考。那么，他是如何思考的呢?”

在一次语文课上，老师和学生们进行了如下对话。

老师："下周，我要对同学们进行突击测试！希望大家认真准备。"

学生："什么时候呀？"

老师："是在谁都预料不到的一天来一场突击测试。测试的题目不难，你们只要认真复习，就能顺利通过测试。"

十分讨厌突击测试的健太在回家的路上陷入了沉思："如果没有突击测试就好了！"回到家后，健太查了突击的词义。

突击就是做某事之前没有预告且毫无征兆。因此，突击测试就是不提前预告而突然进行的测试。

	周一	周二	周三	周四	周五
是否进行测试					不可能

"也就是说，只要不是真的毫无预兆，就不能算是突击测试。但是，老师明确说了是在下周进行突击测试，这算是预告吧？并且老师还明确了测试的日期，即谁都预料不到的一天。"

健太进一步推理：

“假设周五进行测试，那就说明周一到周四没有测试。这样所有人都会预料到测试是在周五进行，那么，这还是突击测试吗？显然在周五进行的测试不符合突击测试的定义。因此，老师一定不会在周五进行测试。”

健太继续思考。

“假设周一到周三都没有测试，测试在周三之后进行。如果是这样的话，测试只可能发生在周四或周五。

	周一	周二	周三	周四	周五
是否进行测试				不可能	不可能

	周一	周二	周三	周四	周五
是否进行测试			不可能	不可能	不可能

“但是我刚刚已经证明了周五不可能进行测试，所以老师只可能在周四进行测试。但问题又来了，既然我能推断出测试是在周四进行，那么在周四进行的测试也不算是突击测试。”

健太继续推理：

“假设周三进行测试呢？之前我已经证明了周四、周五都不会进行测试。如果直到周二都还没有进行测试的话，大家就会推测出测试是在周三进行。这样的话，在周三进行的测试也不算是突击测试。”

	周一	周二	周三	周四	周五
是否进行测试	不可能	不可能	不可能	不可能	不可能

健太继续思考了一会儿，恍然大悟。

“我终于明白了！据我的推理可知，周一和周二也不可能进行测试！也就是说，根本没有突击测试这回事儿！”

于是，健太没有复习功课。到了周四，老师对同学们进行了突击测试。

由于健太认为这周不会有测试，所以他比班里的其他人都吃惊，结果也可想而知，健太此次的测试成绩在班里倒数第一。

本次思想实验的主题

稻垣老师

“故事中的健太应该是经过认真思考后才推测出老师不会对同学们进行突击测试。但结果正好相反，老师在周四对同学们进行了测试。那么，健太的推理到底错在哪儿呢？”

让我们认真地想一想……

小俊

“健太从突击测试这个词语的本意出发，认为突击测试不可能发生在谁都预料到的那天。”

“健太的老师说突击测试在谁都预料不到的一天举行。这个思想实验挺有趣的，值得我们好好思考。”

佑马

玲奈

“的确，如果直到周五早上老师都没有对同学们进行测试的话，我们就可以断定周五是进行测试的日子。但是根据‘突击’二字的定义可知，老师不可能在周五对同学们进行测试。”

麻友

“周五确实不会进行突击测试，由此可见，可能会进行测试的最后一天是周四。”

小俊

“等到周四，大家自然就知道今天是进行突击测试的日子。那么，周四也不可能进行测试了。按照这个思路，这周都不会进行突击测试。”

佑马

“但突击测试还是进行了呀！如果是这样的话，岂不意味着问题出在老师那儿？但对同学们进行突击测试的老师也没错呀？”

麻友

“实际上突击测试在周四进行。如果健太将自己的推理告诉老师，老师会如何回答呢？”

佑马

“突击测试不就是这样的吗？这样的测试在学校里很常见，很多老师也会提前告诉学生们大概什么时候会进行测试。”

麻友

“老师只有提前告知了，大家才会好好复习啊。”

小俊

“但这个理由应该说服不了健太吧？”

玲奈

“嗯，那我换一种说法吧。老师确实说过突击测试是在谁都预料不到的一天进行，老师只要问健太是否料到今天会进行测试即可。如果健太料到了，那么，他就会认真复习功课，此次的测试成绩也不会在班里倒数第一。综上所述，老师没有错。”

麻友

“你说的没错，这样健太就无法反驳了吧？”

小俊

“说到底，健太的推理到底错在哪儿了呢？”

佑马

“健太通过思考得出了周一到周五都不可能进行测试的结论。所以，老师在周四对同学们进行的突击测试只是让健太大吃一惊而已，因为无论什么时候进行突击测试，对健太来说都是意料之外的事。”

麻友

“哈哈哈！健太听后会不会无言以对呢？”

小俊

“除健太之外的大多数学生应该都认为突击测试会在下周的某一天进行，所以肯定都认真复习了。问题是如果周一到周四都没有进行测试，终于到了周五，之前老师所说的突击测试要在谁都预料不到的一天进行又怎么解释呢？因为如果下周的前四天都没有进行测试，大家就可以确定周五一定会进行测试。”

玲奈

“按理说如果周一到周四都没有进行测试的话，到了周五，我肯定会认为是今天进行测试呀。”

麻友

“但是，老师也有可能改变主意，或是忘记准备测试卷，或是告诉大家测试延期到下周进行。毕竟像健太这样想的人还是存在的啊。”

小俊

“我们还是没有讨论出最终结果啊。不管怎样，我还是觉得老师会进行突击测试！”

一起思考一下吧！

麻友等学生一步步地确认了健太的思考过程，并解释了突击测试如期进行的原因和健太预测失误的原因。

大家如何看待健太的观点呢？针对老师如期进行突击测试这件事又是怎么想的呢？大家可以从以下几个方面进行思考。

1 想一想，健太是如何推理出下周老师不可能对同学们进行突击测试的。

2 健太的推理到底错在哪儿呢？

小结

当周四进行突击测试时，健太比谁都吃惊，因为他觉得测试不可能发生在今天。在周四进行的测试对健太来说太突然了。

假如我们站在大部分学生的角度来思考，我们会认为下周的某一天肯定会进行测试。即使测试是在周五进行，学生们也会认为:“突击测试估计在今天进行了。如果老师说的‘下周’是真的，那么，今天肯定会进行测试！因为老师还说过测试要在谁都预料不到的一天进行，所以测试也有可能延期。但无论如何，今天进行测试的概率很大。”

由此看来，哪怕已经到了周五，我们还是不能断言突击测试就一定会在当天进行。所以，无论老师在什么时候进行测试都是合理的。

老师的本意就是想让学生尽可能多地复习学过的知识，所以才将测试这件事情提前告诉大家。健太一开始就没有理解突击测试的真正含义。

健太针对突击测试进行逻辑推理本没有错，但他没有明白老师的想法，最终导致推理的方向错了。我们在进行逻辑推理的时候，一定不要掉进这样的思维陷阱中。

老师宣布下周对同学们进行突击测试

健太推测出下周不会对同学们进行突击测试

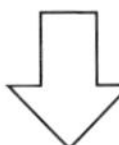

突击测试如期进行

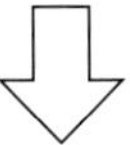

由于健太认为下周老师不会对同学们进行突击测试，所以周四进行的测试对健太来说变成了真正意义上的突击测试

思想实验⑤

如果让你帮故事中的驴做选择，你会如何选择呢？

布里丹之驴

“当摆在你面前的是两个条件完全相同的东西时，你会如何选择呢？”

稻垣老师

驴的面前有两条路，在这两条路上离驴相同距离的地方各堆放着一堆干草。对驴来说，这两堆干草看上去没有区别，选择哪一堆都可以。

此时，驴有三个选择。

1. 往右边走，吃右边路上的那堆干草。

2. 往左边走，吃左边路上的那堆干草。

3. 停在原地，不吃干草。

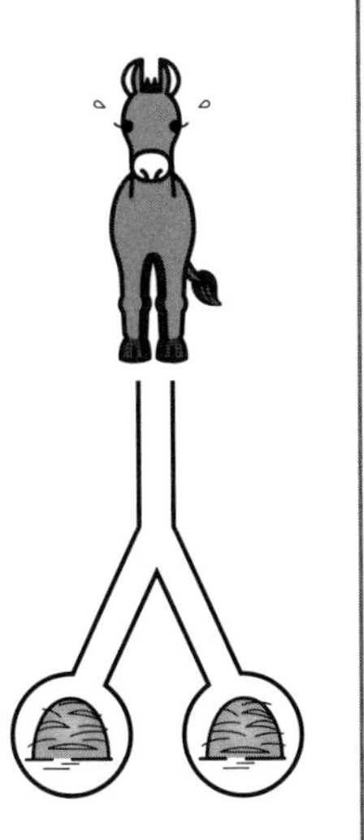

结果是驴停在原地饿死了。

为什么驴最后饿死了呢？

 本次思想实验的主题

稻垣老师

“不管驴选择往哪边走，它都会遇上路上的干草，吃了这些干草，驴就不会饿死。那么，驴为什么没有选择往左边走或往右边走呢？大家认真地思考一下，看看能得出什么样的答案。再想一想，你有没有面临同样境况的时候呢？

 让我们认真地想一想……

佑马

“现实中，驴肯定不会这么傻，它肯定是吃完了左边路上的干草，再去吃右边路上的干草。”

听完佑马的话，稻垣老师对这个思想实验的设定进行了补充说明。

稻垣老师

“驴没有选择吃左边路上的干草，也没有选择吃右边路上的干草，最后饿死了，这只是这个思想实验的设定。请大家遵循这个设定进行思考吧。”

小俊

“这个思想实验的结果是驴饿死了，对吧？”

玲奈

“驴之所以无法做出选择，是因为两条路、两堆干草看起来完全一样，并且驴与两堆干草之间的距离也是一样的。从驴所在的位置到两堆干草的距离、两堆干草的量、两堆干草的品质，甚至驴到达两堆干草所在位置的难度都是一样的。”

麻友

“如果往左边走和往右边走真的一点儿区别都没有的话，还需要做选择吗？选择往左边走，吃掉左边路上的干草，或是选择往右边走，吃掉右边路上的干草，不是都可以吗？”

小俊

“对呀，如果真的一点儿区别都没有的话，就没有必要做选择啊，为什么还无法选择呢？”

玲奈

“换句话说，假设 A 选项是往右边走，吃右边路上的那堆干草，B 选项是往左边走，吃左边路上的那堆干草。驴可以在比较选项 A 和选项 B 后做出选择，但是在选项 A 和选项 B 完全相同的情况下，驴就无法做出选择了，是这样吗？”

小俊

“应该是这样的，当 A 的价值完全等于 B 的价值时，的确无法做出选择。”

麻友

“佑马，你又想到什么了吗？”

麻友看见佑马歪着脑袋看手机，于是就问他怎么了。

佑马

“我妈妈给我发信息，问我今天晚饭是吃汉堡肉还是吃烤肉？”

A
B

A 的价值更高→选 A

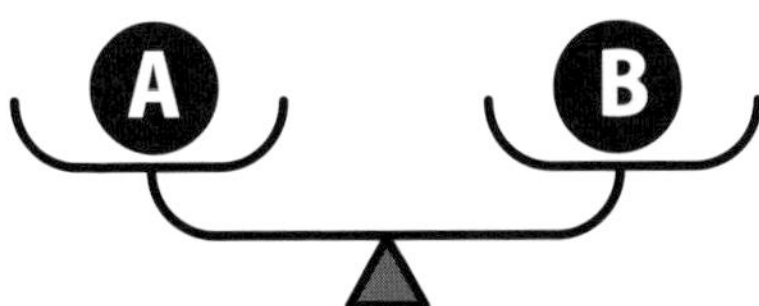
A
B

二者的价值相同→无法选择

麻友露出了不屑的表情，想笑却又忍住了，她继续问佑马。

“哈哈，你选择了哪一个呢？”

麻友

佑马

“我跟妈妈说，晚饭吃汉堡肉或吃烤肉都可以。因为汉堡肉和烤肉我都喜欢，无法做出选择啊。”

“也就是A＝B？”

小俊

佑马

“没有那么复杂吧？”

“那你为什么无法做出选择呢？既然这两种食物你都喜欢，那你就选择一种啊。”

小俊

佑马

“如果我选择汉堡肉的话，那就吃不到烤肉了，如果我选择烤肉的话，就吃不到汉堡肉了。”

“这不是理所当然的嘛……”

麻友

当佑马说他不知道该选什么的时候，他就告诉妈妈吃汉堡肉或烤肉都行。此时，小俊似乎想通了什么。

小俊

“原来如此，我明白是怎么回事了。如果佑马选择了其中的一种食物，那么没有选的那种食物在佑马心里就会变得很有吸引力。无论选择哪一种食物，人们都会不自觉地认为未选择的那一种食物可能会更好，并因此而后悔。为了不让自己后悔，最好的方法就是不做选择，所以佑马才将晚饭吃什么的决定权交给了妈妈。”

“不要专门剖析我的想法啊，我会害羞的。”

佑马

小俊

“这跟布里丹之驴其实是一样的呀！”

“嗯？怎么回事？”

佑马

玲奈

“我明白啦！对驴来说，面对两个完全相同的选项，什么都不选反而比做出选择更轻松。虽然最后的结局可能有些极端，但这个设定也只是在思想实验里才会有。”

“对布里丹之驴来说，它也可以不做选择呀！”

麻友

佑马

“这个思想实验说明了选择不是件简单的事情，就像我无法选择晚饭是吃汉堡肉还是吃烤肉一样。”

佑马有些赌气地说出了自己的看法。

佑马

“不管怎么说，选择是一个需要你经过全面思考之后再做决定的过程，人有时会因为不想思考而放弃做选择。因为不选择就不用动脑思考，不做选择多轻松呀。”

说到这里，佑马再次陷入了沉思。

“怎么了？”

小俊

佑马

“我要是选汉堡肉就好了。”

“原来不做选择也会让人后悔呀。这可真是个难题。”

小俊

玲奈

“如果不做选择的话，可能就会像现在的佑马一样，主动放弃了选择自己喜欢的东西的权利。如果仅仅像佑马一样放弃了选择自己喜欢吃的食物的权利的话，也没什么大不了。但如果面临的选择对人生具有重大意义，那么，直接放弃选择的权利就有可能后悔终身！”

一起思考一下吧！

麻友等学生就“布里丹之驴”这个思想实验进行了热烈的讨论，并对选择过程中的矛盾有了更深的理解。

你有没有从他们的对话中受到什么启发呢？你有没有得出自己的结论呢？你可以试着将自己变成讨论者中的一员，从以下几个方面进行思考。

1 故事中的驴为什么最后饿死了？

2 “布里丹之驴”的创作者是为了表达什么观点而创作了这个故事的呢？

小结

这个思想实验是由法国哲学家让 · 布里丹提出的。

驴不能像人一样自主思考、自由选择，这是导致它死亡的原因。

比方说，当你面临 A 和 B 两个选择，而二者的价值又一样时，你会怎么选择呢？你很可能会因此而陷入两难。

在这种情况下，其实你还是可以做出选择的。试试下面的方法吧！

- 抽签或者抛硬币，随机做出选择。

- 当自己无法判断时，让他人帮你选择。
- 凭感觉做出选择。
- 站在别人的角度重新思考问题。
- 做出与大多数人相同的选择。

通过以上方法，我们肯定可以做出选择。只要不被二者的价值束缚，从多个角度看问题，就不会落得个像布里丹之驴一样的结局。

选择意味着取舍。有取舍就会有痛苦。选择了 A，又忍不住去想要是选择 B 就好了，但选择了 B，又对 A 念念不忘。越烦恼就越后悔怎么没有选另一个。

为了逃避这种痛苦，你可以像驴那样什么都不选。但是，之后你很可能会因此而责备自己为什么当初放弃了选择的机会。

人会下意识地想要逃避眼前的困难。但是，如果一直逃避而不做选择的话，很可能就会像驴一样错失重要的东西。因此，能够准确判断事物的价值而做出取舍是今后大家踏入社会必须要学会的能力。

大家可以试着考虑一下，如何避免做不出选择呢？我们应该怎么办呢？

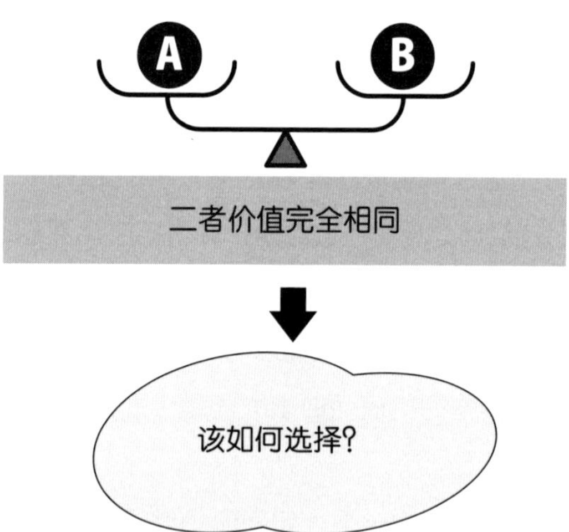
A
B
二者价值完全相同
该如何选择?

思想实验⑥

是一瞬间还是漫长等待?

5亿年按钮

稻垣老师

“如果现在有一个机会,可以什么都不做,只需耐心等待就能赚钱,你们会怎么做?接下来,我们就讨论一个与这种情境类似的思想实验吧。”

有一个神奇按钮,它的名字叫“5亿年按钮”,按下这个按钮的人会得到100万元。某天,一个人按下了这个按钮(据说是有人将其作为兼职工作介绍给他的),他确实得到了100万元。

按下这个按钮后,你的身体会被传送到另一个空间,然后你必须在这个陌生的空间里度过5亿年,但你并不会因此而变老。

在这个空间里,只有你一个人,所以你不必拘束。

同时，这里也没有其他东西，当然你也不需要其他东西。

这个空间四面都镶满了纯白色的瓷砖，一片虚无、没有边际。你在这个空间里什么都不用做，只需要在这里待满5亿年就能得到100万元。

在此期间，你不能睡觉，但你也不会死去，你需要一直保持清醒的意识。在这个空间里什么都没有，你会觉得无聊至极！但是，一旦5亿年到了，你就会失去待在这个空间里的记忆，回到你按下按钮的那一瞬间。对你来说会有一种按下按钮后就可以直接拿到100万元的感觉。此外，还有一点要求：一旦你按下按钮，就不能中途退出。

5亿年按钮

在另一个空间待满5亿年后，你就会立刻得到100万元。这份工作你觉得如何？是不是很划算？想来试一试吗？

※ 本思想实验参考了菅原壮太创作的漫画《大家的托尼欧》中的一个故事。

 本次思想实验的主题

稻垣老师

"希望大家认真思考一下，如果世界上真有这样的按钮，你会按下它吗？决定好之后就开始讨论吧！"

 让我们认真地想一想……

佑马

"100万元还是很吸引人的，我想按下这个按钮。"

小俊

"好难选啊！虽然100万元很诱人，但是等待5亿年很痛苦。不过这5亿年间的记忆可以消除，身体也不会变老，我们可以当这5亿年的经历根本不存在。"

玲奈

"我绝对不会按下这个按钮。一个人孤零零地度过5亿年实在太可怕了。5亿年太漫长了。"

麻友

"5亿年的确好漫长啊！但是在5亿年结束之后，你会觉得这5亿年的

等待只是一瞬间发生的事，对吗？佑马为什么想按下这个按钮呢？要待满5亿年呢！”

麻友等学生的视线都集中到了佑马身上。大家都想知道佑马为什么想按下这个按钮。

佑马

“待满5亿年之后，你会觉得这一切似乎在一瞬间就结束了，不是吗？”

“可是这5亿年的确是存在的呀！”

玲奈

佑马

“我们实际能感知到的只有按下按钮和得到100万元这两件事，再说我们的身心也不会受到损害。既然在一瞬间就可以得到这么多钱，我没有理由不按下这个按钮啊。”

“如此看来，按下5亿年按钮的确很吸引人。但是，5亿年的等待也是真实存在的啊。”

麻友

小俊

"对佑马来说，5亿年可能不是那么重要。虽然5亿年是真实存在的，但是并不会留在人们的记忆中，也不会使人变老，因此佑马觉得5亿年的等待并不重要。对我而言，我是不想消除这5亿年的记忆的。"

对于要不要按下5亿年按钮这件事，大家进行了深入思考。

玲奈

"我还是做不到。无论如何我都不会按下这个按钮的。"

小俊

"玲奈，为什么你无论如何都不会按下这个按钮呢？"

玲奈

"让我独自一人不吃、不喝、不睡地等待5亿年，我绝对做不到。这种孤独对我来说太痛苦了！比如，人可以活100年，5亿年是人寿命的500万倍！从人类出现到现在不过才几百万年，据说恐龙从出现到现在也不足3亿年。5亿年说起来很轻松，但其漫长程度绝对超乎我们的想象。"

小俊

“估计大部分按下5亿年按钮的人在等待期间都只能抱着5亿年总有一天会结束的信念撑下去。如果有重置按钮的话，我想几乎所有人都会选择按下这个重置按钮吧。”

“如果增加一个重置按钮的话，按下5亿年按钮的人说不定会变多呢。”

麻友

小俊

“总而言之，是否按下5亿年按钮取决于你怎么看待这5亿年，如果你觉得等待5亿年不是很难，反正待满5亿年后这段记忆就会被消除，并且你还能得到100万元，你就会选择按下这个按钮。反之，如果你觉得自己根本无法承受5亿年的孤独，你就不会按下这个按钮。”

一起思考一下吧！

在对这个思想实验进行讨论时，麻友等学生在时间和金钱哪一个更重要上产生了分歧。你有没有从他们的对话中受到启发，并得出自己的结论呢？你可以试着将自己变成讨论者中的一员，从以下几个方面进行思考。

1 如果是你的话，你会按下这个按钮吗?

2 选择按下按钮的人是怎么想的呢?

3 选择不按按钮的人又是怎么想的呢?

小结

选择按下5亿年按钮的人估计认为只要按下按钮就能轻松得到100万元。跟独自一个人度过5亿年这一过程相比，他们更想得到100万元。

如果将5亿年当成一瞬间的事，那么按下按钮并不会对按下按钮的人造成任何损失，因为这5亿年间产生的痛苦和后悔都会随着记忆被清除而消失。这样看来，按下按钮只有好处。

不会按下按钮的人认为这100万元与一个人独自度过5亿年的痛苦相比根本不值一提。

如果等待1年可以得到1元的话，等待5亿年就可以得到5亿元，但实际上按下按钮的人只能得到100万元，也就是说，按下按钮的人平均每年只能得到0.002元。忍受1年的痛苦居然连1元都没有得到。

假设人可以活到100岁，那么100年也只能得到0.2元，相当于用人的一生换取0.2元。按照这个思路进行思考的话，几乎没有人会按下这个按钮。

就按不按5亿年按钮这件事，基本可以分为两派：重视结果的人希望得到100万元而选择按下按钮；重视过程的人不想孤独地度过5亿年而选择不按按钮。那么，你会如何选择呢？

5亿年按钮

如果按下按钮

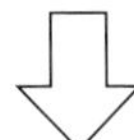

虽然的确会在一个陌生的空间里度过5亿年，但是这段时间的记忆是可以被消除的，5亿年过后按下按钮的人就能重新回到现实了，对回到现实世界的人来说，等待5亿年其实只是一瞬间的事罢了

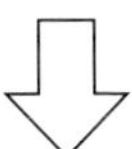

按下按钮，立刻得到100万元

5亿年按钮

如果按下按钮

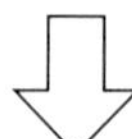

独自在另一个陌生的空间里，
经历恐怖和孤独，
而一年只能得到0.002元

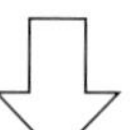

按下按钮意味着要忍受5亿年的孤独

如果只能得到100万元的话，就会选择不按按钮

思想实验 ⑦

如果过去被改变了，那么现在会是怎样的光景？

时光机

稻垣老师

“你们对于时光机有什么看法吗？”

佑马

“如果世界上真的有时光机的话，我想乘坐一下。”

玲奈

“1000年后，说不定时光机就被发明出来了呢。”

麻友

“好想出生在1000年之后呀。”

小俊

“但是，如果1000年之后时光机真的被发明出来了，未来的人是不是就可以来到我们现在所处的时代？”

稻垣老师

“看来大家对时光机很感兴趣。那么，我们就来思考一个关于时光机的思想实验吧。”

时光机终于在2989年被发明出来了。人们可以自由地进行时间旅行，来往于过去和未来。

有一个叫龙树的15岁少年，他的母亲在他3岁的时候因为事故去世了。那时，龙树的母亲还怀着龙树的妹妹，龙树非常期待家庭新成员的到来。龙树的父母给妹妹取名爱理。但是，十分不幸的是母亲遭遇事故，妹妹未能降临人世。

龙树乘着时光机回到了他3岁的时候，他决定阻止事故的发生。如果事故不发生，龙树就会有一个妹妹。龙树要做的事情很明确，就是阻止母亲前往事故的发生地。

龙树成功阻止了发生在12年前的那起事故。此时，他的妹妹爱理会怎样呢？

时光机

本次思想实验的主题

稻垣老师

“龙树成功阻止了12年前的那起事故。如果他的母亲避开了原本注定死亡的结局，那么龙树的妹妹爱理又会怎样呢？”

让我们认真地想一想……

小俊

“因为龙树成功阻止了事故的发生，所以他的妹妹爱理肯定平安出生了。”

“龙树的母亲活了下来，所以龙树的家里有四口人了，真是太好了！”

麻友

佑马

“龙树的父亲一定很开心，他一定对拯救了母亲的龙树十分感激。”

“我还是觉得哪里不对劲。”

玲奈

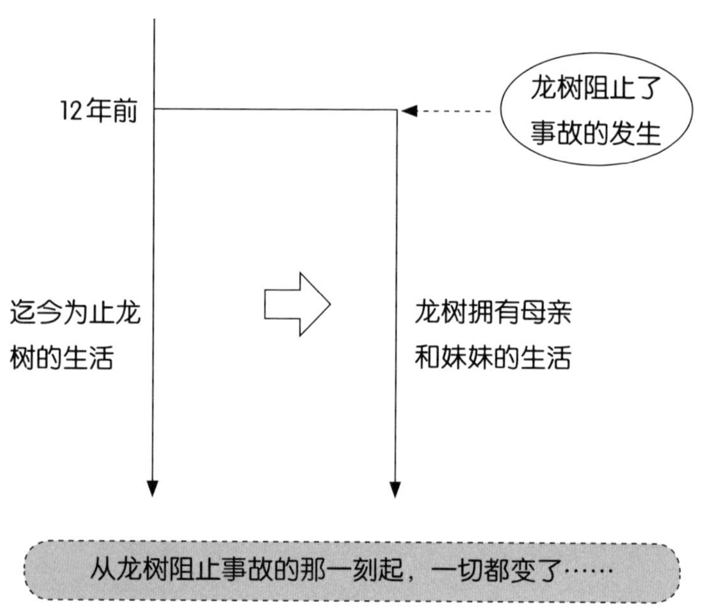

12年前
龙树阻止了
事故的发生
迄今为止龙
树的生活
龙树拥有母亲
和妹妹的生活

从龙树阻止事故的那一刻起，一切都变了……

如果龙树的母亲没有去世，那么龙树与父亲那段两人生活的时光也就不复存在了麻友等学生将视线集中到陷入沉思的玲奈身上。

玲奈

“龙树阻止事故发生这件事可以说改变了他们一家人的命运。原本注定死亡的母亲活了下来，原本没能出生的妹妹也顺利出生了。既然如此，那么直到龙树阻止那场事故发生之前都还存在着的龙树母亲的墓会不会在龙树成功阻止事故发生的那一瞬间消失呢？大家想一想，原本只住了龙树和父亲两个人的那栋房子，四个人居住会不会显得很拥挤？这样看来，如果最初家里就是四个人的话，他们很有可能不会选择居住在那栋只能住下两个人的房子里，也就是说，在龙树成功救下母亲的那一瞬间，龙树居住的房子也有可能突然改变。

“我再假设一种情况。如果在爱理8岁、龙树11岁的某一天，爱理让龙树陪她爬山，而龙树突然在山上遭遇事故去世了。如果这样的话，龙树就活不到15岁了，更不能乘坐时光机去救母亲了，而造成这种后果的原因恰恰是由于龙树改变了过去，即救下了母亲，让爱理平安出生……”

“真没想到，龙树阻止12年前的事故

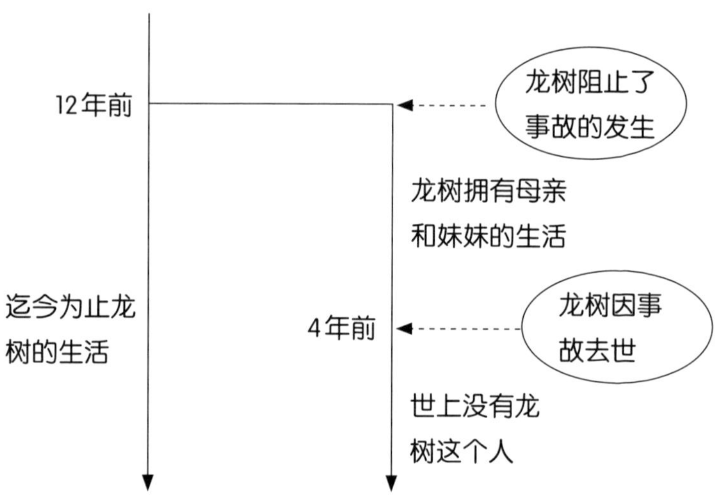

12年前
龙树阻止了事故的发生
龙树拥有母亲和妹妹的生活
迄今为止龙树的生活
4年前
龙树因事故去世
世上没有龙树这个人

如果世上没有龙树这个人的话，由谁来救他的母亲呢？

如果龙树因为救了母亲而改变了他之后的生活，继而因为在山上遭遇事故导致自己不在人世的话，那么，当他的母亲到了遭遇事故的时候，岂不是没人去救她？

这样龙树的母亲没能躲过那场事故，所以龙树也就不会因为陪妹妹爬山而在山上遭遇事故而死。

情况到底如何呢？

小俊

仅仅是一瞬间的事，却可能引发如此多的错综复杂的后续问题。这个思想实验好难啊。”

稻垣老师

“感觉事情变得越来越复杂了。我们以爱理平安出生作为出发点，对龙树将要面临的人生进行设想吧！”

“如果爱理平安出生的话，龙树就当哥哥啦。”

小俊

佑马

“说不定继爱理之后，龙树一家还会有新的家庭成员出生？”

“爱理和龙树能不能顺利地长大呢？”

玲奈

麻友

“随着时光的流逝，龙树终于迎来了可以乘坐时光机的15岁。”

“拯救母亲的那一瞬间即将到来。”

佑马

佑马等学生想象了一下15岁的龙树的生活，突然发现了一个矛盾。

麻友

“龙树的母亲不是活着吗？为什么还要救她呢？”

被15岁的龙树救下的母亲的确应该活着。麻友等学生继续思考。

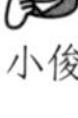
小俊

“如果龙树的母亲平平安安地抚育龙树和爱理，那么龙树根本没有必要去救她。因为他的母亲没有去世呀。”

麻友

“但是如果不去救她的话，母亲岂不是还会遭遇事故，然后去世吗？”

小俊

“那龙树要如何救目前活着的母亲呢？并且这个时候的龙树应该不知道他的母亲会出事故吧？”

佑马

“爱理活着的那个世界就是母亲并未遭遇事故的世界，因此，活在这个世界的龙树也不会产生要去救母亲的想法。”

玲奈

“那就是说龙树不会去救他的母亲。但是如果是这样的话，龙树的母亲真的不会死吗？尽管龙树的母亲现在还活得好好的，但是她真的不会突然消失吗？”

小俊

“龙树的母亲能够活下来，爱理可以平安出生，不都是以龙树救了母亲为前提的吗？但是此时的龙树在他15岁时甚至不知道要去阻止那场事故，因此更不可能知道是自己最终阻止了那场事故。”

小俊表达完他的看法后，大家都默不作声。稻垣老师也一言不发地等着大家下结论。

小俊

“时光机是不是……根本不可能存在？”

麻友

“即便真的被发明了出来，是不是也应该设立一些诸如不能对过去造成影响之类的规定呢？”

佑马

“也许我们就不应该回到过去。”

玲奈

“如果真的是这样，那就不难理解为什么我们从来没见过乘坐时光机从未来返回到我们现在所处时代的人了。”

佑马

“可那是时光机啊，如果时光机不能帮助我们回到过去的话，我们要它有什么用呢？”

麻友

“如果有专门用来回到过去的时光机，你们觉得怎样呢？只要乘坐这个时光机就可以回到过去，回到过去后的你无论做什么都不会对未来产生影响，这样是不是就可以了？”

麻友等学生就时光机进行了热烈的讨论。

稻垣老师

“看来你们对乘坐时光机进行时间旅行这件事进行了很深入的思考。实际上，就时光机能否被造出来也有很多人进行了讨论。有人认为，单纯从数学角度来看，造出时光机是有可能的，但是制造时光机的材料暂时还没被发明出来。

“这个思想实验的背景设定在了2989年，说不定那个时候真有时光机。”

一起思考一下吧！

麻友等学生在讨论的过程中似乎发现了隐藏在龙树的故事中的矛盾。你如何看待发生在龙树身上的故事呢？此外，对于时光机是否应该被造出来，你有哪些看法呢？

你可以从以下几方面进行思考，然后加入麻友等学生的讨论。

1 妹妹爱理怎么样了？

2 以爱理平安出生为前提，设想一下龙树的人生轨迹。

3 基于龙树的故事，就时光机进行讨论。

小结

当思考与时光机有关的问题时，我们会发现很多类似这个思想实验中的矛盾。

15岁的龙树在成功改变母亲命运的瞬间就等于已经拥有了和比他小3岁的妹妹一起生活12年的经历。这12年的经历是必须存在龙树的记忆中的。穿越到过去改变命运这件事，不管怎么想都有令人难以信服的地方。

那换种思路进行思考，如果我们乘坐时光机，穿越到未来去改变未来的话，情况又会如何呢？比如，你穿越到一年后的世界，从一年后的自己手中抢走了一个冰激凌。而这之后，你还想再吃一个冰激凌，于是你就想：我刚刚从一年后的自己手中拿到了一个冰激凌，在我拿到冰激凌前30秒，我手中应该还有一个冰激凌。因此，我可以从拿到冰激凌前30秒的自己手中，再抢走一个冰激凌。

用这个方法岂不是可以拿到无数个冰激凌？如下一页的图所示，如果你从一年后的自己手中拿到冰激凌之后，还想在拿到冰激凌前30秒再去自己手中拿一个冰激凌，一年后的自己难道不会说“在30秒前，我已经把冰激凌给了从过去来的自己”吗？

虽然从字面上看，我们的确可以乘坐时光机进行时间旅行，但事实上真的能实现吗？无论是从回到过去的角度思考，还是从去未来的角度思考，时间旅行都会引发许许多多的矛盾。

不仅如此，还有可能发生以下这种情况。

假设 A 公司先发明了时光机，长年从事时光机开发的对手 B 公司十分不甘心。于是，B 公司乘坐时光机回到过去，将时光机的发明提前公开，这样时光机就变成 B 公司的发明了。此时，A 公司肯定不会善罢甘休，也进行了同样的操作，乘坐时光机回到过去，将发明提前公开……如此就出现了一个死循环。到底是谁先发明了时光机就不得而知了。

其实，与时光机有关的问题还有待思考。人类在克服种种矛盾后能否造出时光机呢？思考与时光机有关的问题真的很有趣。

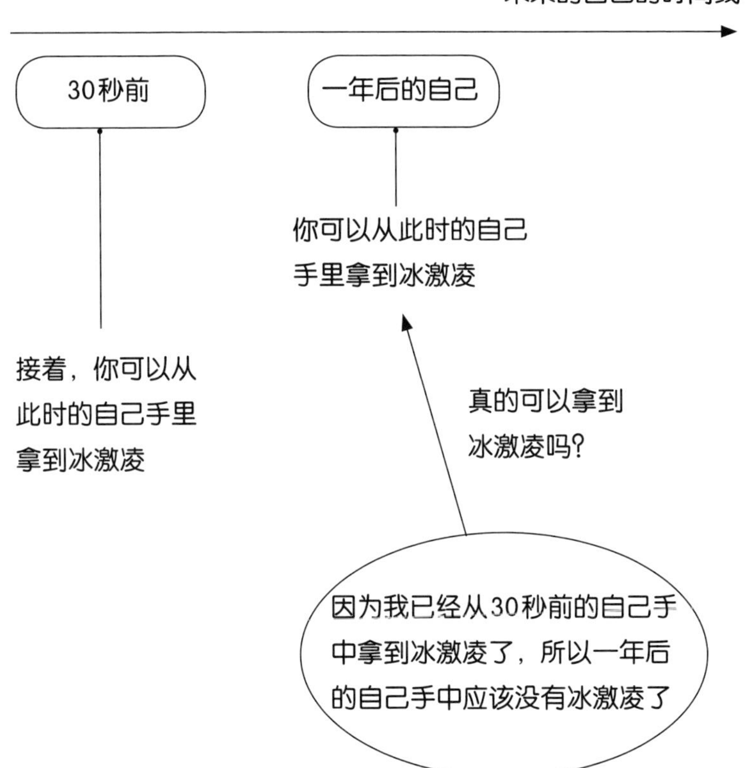
未来的自己的时间线
30秒前
一年后的自己
你可以从此时的自己
手里拿到冰激凌
接着，你可以从
此时的自己手里
拿到冰激凌
真的可以拿到
冰激凌吗？
因为我已经从30秒前的自己手
中拿到冰激凌了，所以一年后
的自己手中应该没有冰激凌了

思想实验⑧

概率相同还是不同?

3个纸杯

稻垣老师

“这个思想实验源于著名的蒙提霍尔悖论,它又称‘三门问题’。我想用手边的3个纸杯和1个金色小球来重现这个悖论。在这个思想实验中,我们假设主人公是小樱,大家在思考的时候要尽量从小樱的角度做出判断。”

在小樱面前摆放着A、B、C 3个纸杯。

策划人将金色小球放进其中一个杯子中。小樱如果选中放有金色小球的杯子即胜出。

那么,小樱会选择哪一个杯子呢?

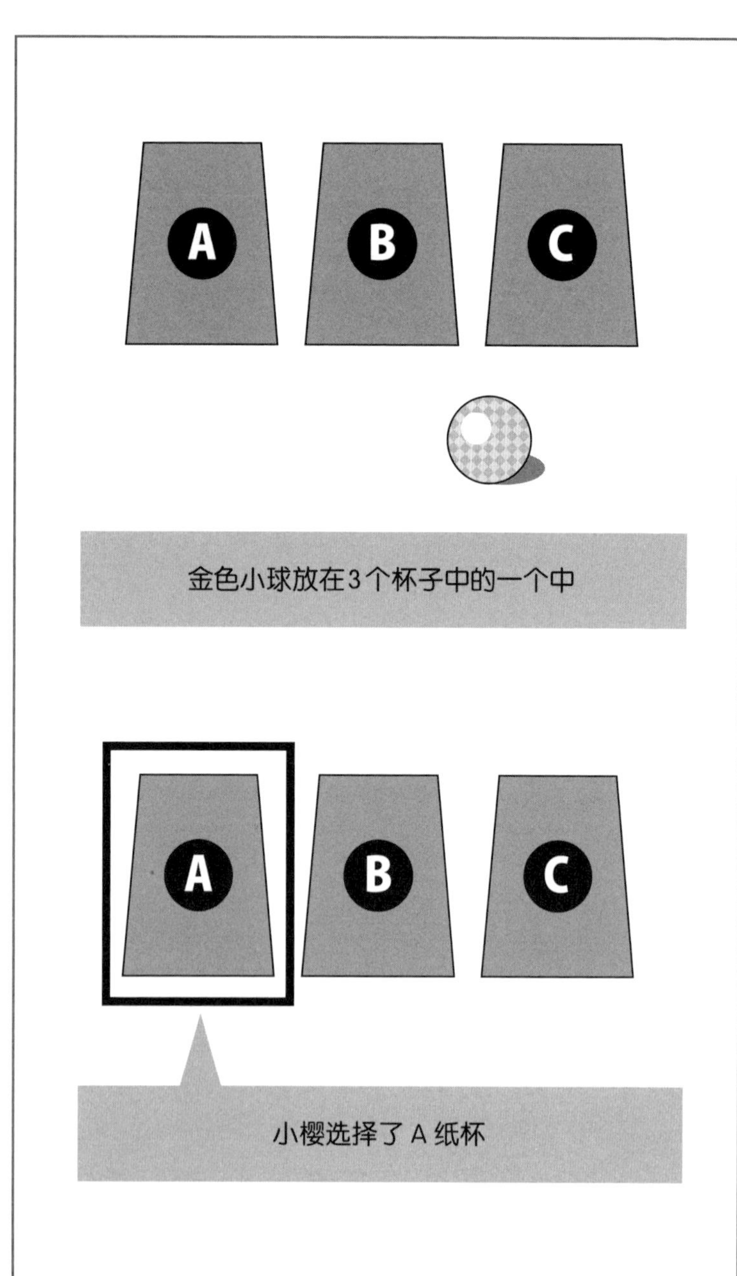
A
B
C
金色小球放在3个杯子中的一个中
A
B
C
小樱选择了 A 纸杯

小樱选择了 A 纸杯。

接着，策划人按照如下规则打开 B 纸杯和 C 纸杯中的一个。

规则 1：打开没有金色小球的纸杯。

规则 2：如果两个纸杯中都没有金色小球，则需要随机打开一个纸杯。

按照这个规则，策划人打开了 B 纸杯。

B 纸杯里没有金色小球，那么，金色小球不在小樱选的 A 纸杯中，就在 C 纸杯中。此时，小樱有两个选择。

· 认为金色小球在 A 纸杯中，继续选择 A 纸杯。

· 认为金色小球在 C 纸杯中，选择 C 纸杯。

小樱该如何选择呢？

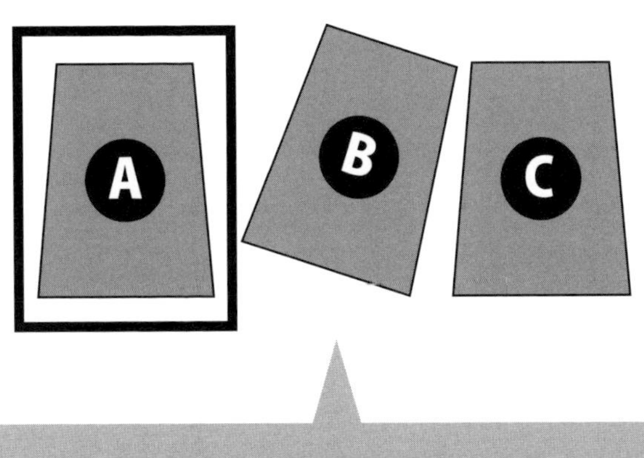
A
B
C

B 纸杯中没有金色小球

本次思想实验的主题

稻垣老师

“在著名的‘三门问题’中，参与者需要从三扇门中选择一扇门，我试着简化了这个难题，将门换成了纸杯。虽然简化后的实验依然有一定的难度，但是希望大家不要放弃，认真思考。在上述情境中，大家觉得小樱应该选择C纸杯吗？”

让我们认真地想一想……

佑马

“无论小樱是否坚持自己最初的选择，3个纸杯中放有金色小球的概率都是1/3，所以我觉得小樱没必要放弃最初的选择而选择C纸杯。”

玲奈

“如果是我，我不会选择C纸杯，因为我相信我的直觉。”

小俊

“我总觉得这个实验没那么简单，我们肯定漏掉了一些要点，再深入思考一下吧。”

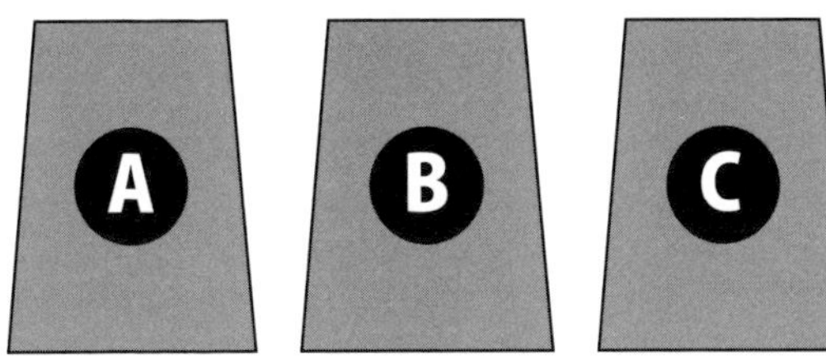
A
B
C

A、B、C 3个纸杯中放有金色小球的概率都是1/3

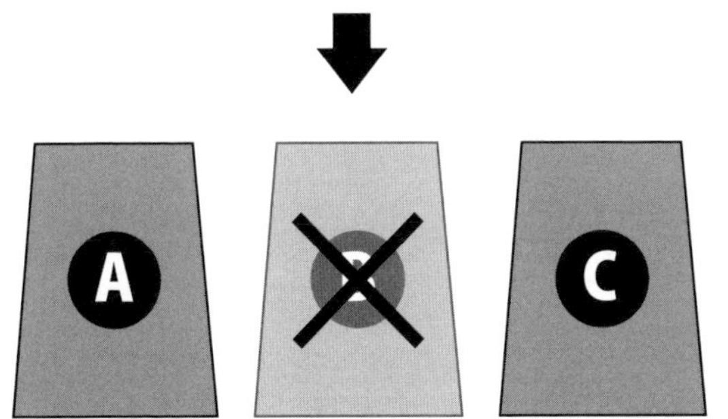
A
C

在排除 B 纸杯之后，这个概率会发生变化吗？

麻友

“小樱一开始认为金色小球放在了A纸杯中，于是，她选择了A纸杯。我们已经知道了B纸杯中没有金色小球，所以，金色小球只可能在A纸杯或者C纸杯中。也就是说，不管小樱选择A纸杯还是选择C纸杯，选中放有金色小球的纸杯的概率都是50%，所以，选哪个都一样吧？”

佑马

“虽然我和你的想法一样，但是如果答案真的如此简单，我们就没有深入思考的必要了。”

麻友等学生盯着并排放置的3个纸杯陷入了思考。过了大约2分钟，小俊说出了他的想法。

小俊

“我们先整理一下目前已知的信息吧。”

说完，小俊在教室的白板上写了起来。

麻友

“我刚才说过了，无论此时小樱做何选择，选中放有金色小球的纸杯的概率都是一样的。”

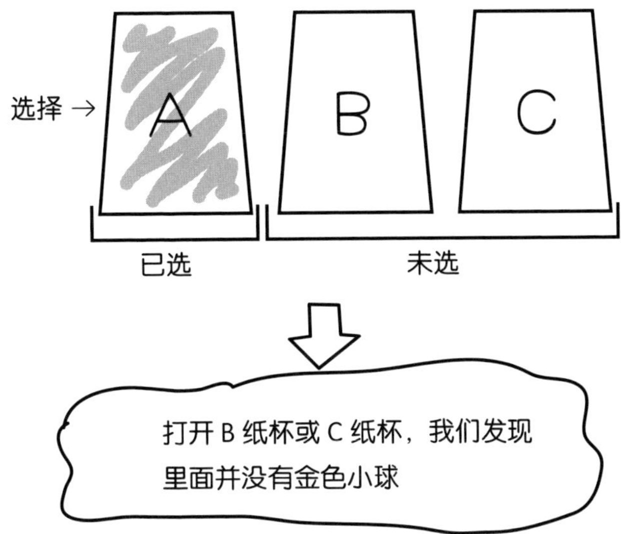
选择 →
A
B
C
已选
未选
打开 B 纸杯或 C 纸杯，我们发现
里面并没有金色小球

“真的是这样吗？”

玲奈

麻友

“怎么了？”

玲奈好像想到了什么，大家的视线都集中到了她身上。

“刚刚小俊在白板上写下的‘已选’和‘未选’两个类别中放有金色小球的概率分别是多少呢？”

玲奈

佑马

“都是1/3。”

玲奈

“我的意思是‘已选’的A纸杯和‘未选’的B纸杯+C纸杯这两类中放有金色小球的概率分别是多少。”

小俊

“1/3和2/3吧？”

玲奈

“没错。由于我们已经知道了B纸杯中没有金色小球，所以……”

小俊

“原来如此，我明白了。我补充一下。”

说完，小俊又在白板上写了起来。

玲奈

“如果……”

玲奈一边思考，一边说：

玲奈

“如果这个实验不是让我们从A、B、C 3个纸杯中任选一个纸杯，而是从‘已选’和‘未选’这两类中选择一类，即选择A纸杯还是选择B纸杯+C纸杯，答案又会如何呢？”

佑马

“如此看来，当然是选择 B 纸杯 +C 纸杯更好。选择两个纸杯肯定比选择一个纸杯猜中的概率大嘛。”

小俊

“因为选中放有金色小球的纸杯的概率翻倍了。我明白了，原来是这么一回事。”

麻友

“咦？你们在说什么？我完全没听懂。”

玲奈

“刚刚我们在讨论，比起选择 A 纸杯，肯定选择 B 纸杯 +C 纸杯猜中的概率大，对吧？”

麻友

“嗯，概率翻倍了。”

玲奈

“我们再看看白板上的内容，也就是说，比起‘已选’，‘未选’中放有金色小球的概率更大。”

麻友

“嗯，‘已选’中放有金色小球的概率是1/3，而‘未选’中放有金色小球的概率是2/3。”

玲奈

“没错。如果此时你可以重新选择，并且B纸杯也没有被打开，你会如何选择呢？”

“那我可能会选择B纸杯+C纸杯吧。毕竟B纸杯+C纸杯中放有金色小球的概率翻倍了呀！”

麻友

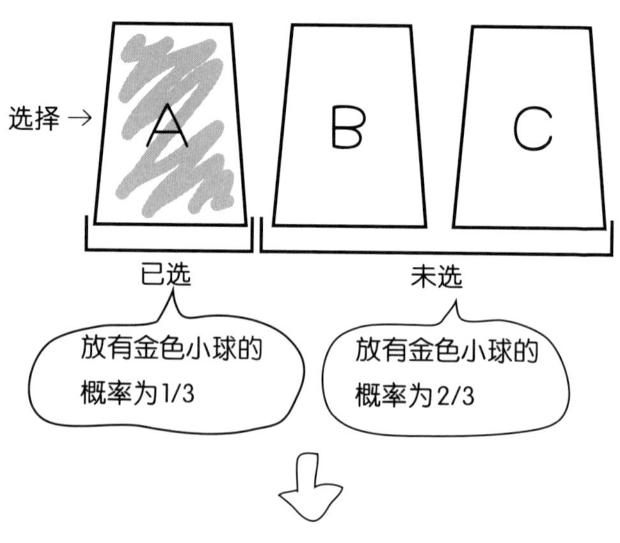
选择→
A
B
C
已选
未选
放有金色小球的概率为1/3
放有金色小球的概率为2/3

发现B纸杯中没有金色小球

玲奈

“通常情况下，大家都会这么想。紧接着，策划人打开了B纸杯，发现B纸杯中没有金色小球。”

麻友

“虽然B纸杯+C纸杯中放有金色小球的概率是2/3，但是打开B纸杯后发现其中没有金色小球，由此可推测，金色小球很有可能放在C纸杯中。真的是这样吗？”

稻垣老师

“这个问题还是有些难度的。让我们转变一下思路吧！如果将实验中的3个纸杯换成100个纸杯，情况又会如何呢？”

小俊

“我明白了。”

小俊将白板翻转过来，在另一面画了100个纸杯，并将其标记为1～100号。

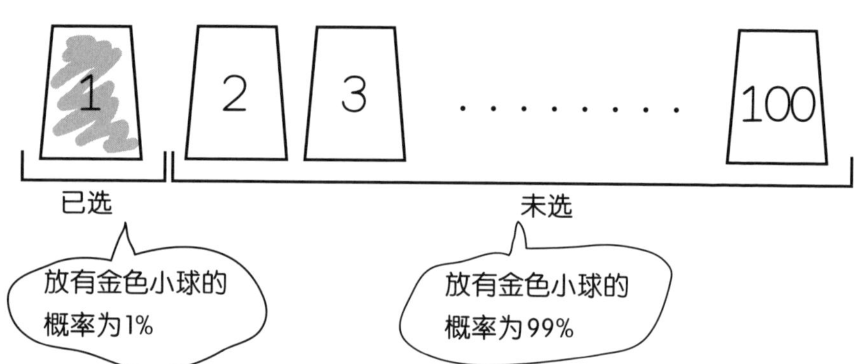
1
2
3
100
已选
未选
放有金色小球的概率为1%
放有金色小球的概率为99%

稻垣老师

“小樱选择了1号纸杯。然后，策划人随机打开剩余的纸杯，逐一确认纸杯中有没有金色小球。结果是2号纸杯到56号纸杯和58号纸杯到100号纸杯中都没有金色小球。”

佑马

“金色小球肯定在57号纸杯中！”

稻垣老师

“你为什么会这么想呢？”

小俊

“我来把老师刚刚说的内容总结到白板上。”

佑马

“小樱在选择纸杯时，每个纸杯中放有金色小球的概率都是1%。那么‘已选’的纸杯中放有金色小球的概率都是1%。这样‘未选’的纸杯中放有金色小球的概率就是99%。因此，金色小球大概率会在‘未选’的纸杯中。”

小俊

“‘已选’的纸杯中放有金色小球的概率是1%，‘未选’的纸杯中放有金色小球的概率是99%。”

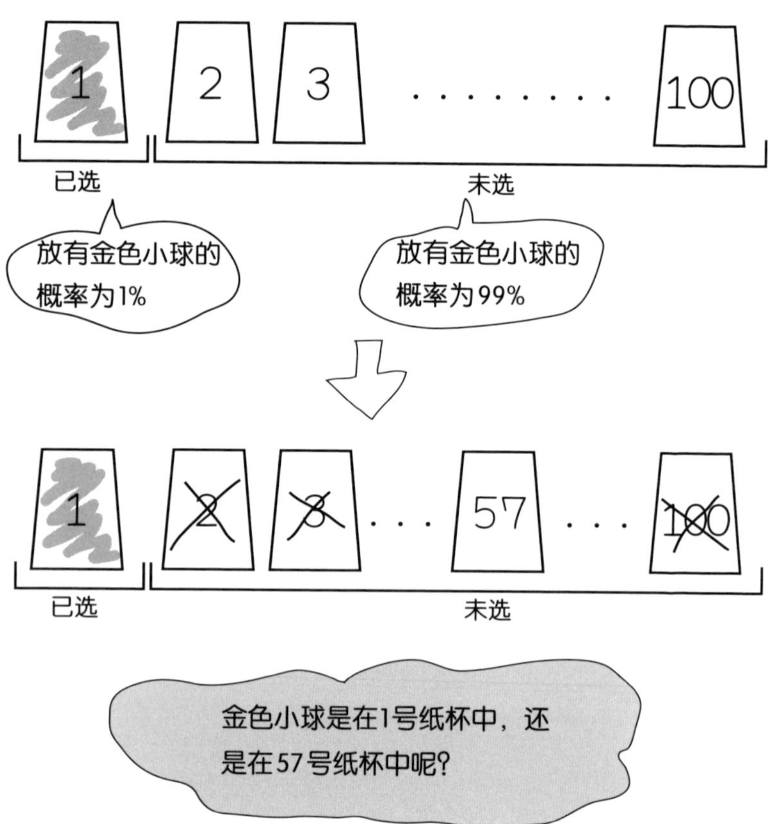
1
2
3
100
已选
未选
放有金色小球的概率为1%
放有金色小球的概率为99%
1
2
3
57
100
已选
未选
金色小球是在1号纸杯中，还是在57号纸杯中呢?

麻友

“紧接着，策划人打开了‘未选’的99个纸杯中的98个。稍微思考一下，我们就知道金色小球在57号纸杯中。”

麻友等学生对这个思想实验的理解越来越深入了。此时，玲奈提出了一个非常关键的问题。

玲奈

“如此说来，金色小球在1号纸杯中的概率是1%，在57号纸杯中的概率岂不是高达99%？”

麻友

“相差这么多吗？”

玲奈

“因为1号纸杯中放有金色小球的概率是1%。从2号纸杯到100号纸杯一共有99个纸杯，这99个纸杯中放有金色小球的概率分别为1%，因此，这99个纸杯中放有金色小球的概率就是99%呀。无论金色小球在哪个纸杯中，这个概率是不会变的。”

麻友

“这个概率不会变吗？”

玲奈

“那我换个说法。假设某个人参与了这个游戏，他选择了1号纸杯，而如果金色小球在2号纸杯到100号纸杯中的某一个纸杯中时，策划人可以将金色小球换到100号纸杯中。但策划人不会将这一操作告诉参与游戏的人。此时，金色小球被放进100号纸杯中的概率是多少？”

麻友

“99%！”

小俊

“我在白板上写下来。”

佑马

“这样就比较容易理解了。”

玲奈

“此时，策划人会打开2号到99号的纸杯。由于2号纸杯到100号纸杯中放有金色小球的概率也是99%，所以就结果来看，区别仅仅在于是留下100号纸杯，还是留下57号纸杯。”

麻友

“原来如此。我大概明白了你的想法。”

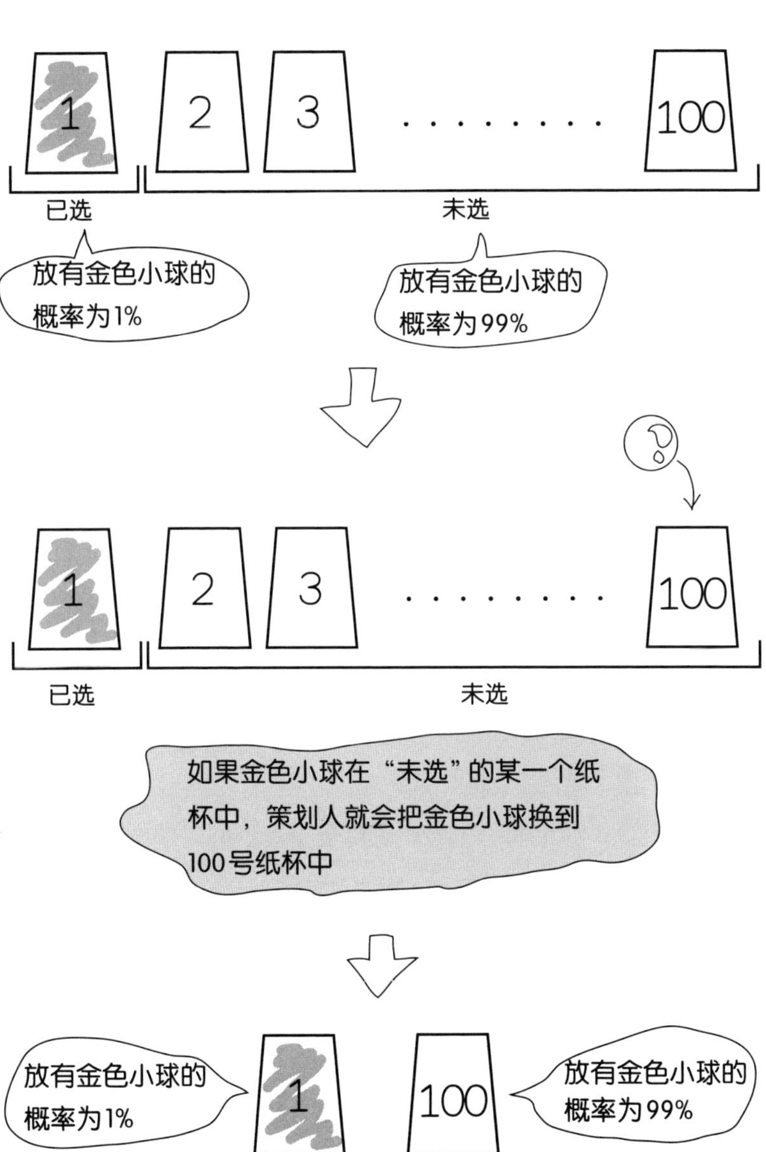
1
2
3
100
已选
未选
放有金色小球的
概率为1%
放有金色小球的
概率为99%
1
2
3
100
已选
未选
如果金色小球在“未选”的某一个纸
杯中，策划人就会把金色小球换到
100号纸杯中
放有金色小球的
概率为1%
1
100
放有金色小球的
概率为99%

一起思考一下吧！

对于稻垣老师提出的思想实验，麻友等学生积极开动脑筋，进行了热烈的讨论。

你有没有找到这个思想实验的突破口呢？你可以从以下几个方面进行思考，然后试着参与到他们的对话中。

1 小樱要不要重新选择？

2 假设纸杯的数量变成了100个，情况又会如何呢？

小结

本次的思想实验改编自蒙提霍尔悖论，稻垣老师将原实验中的门换成了纸杯。

蒙提霍尔悖论出自当时由蒙提霍尔主持的一档美国电视游戏节目。游戏内容如下。

摆在参赛者面前的是3扇关闭了的门，其中一扇门的后面有一辆汽车，另外两扇门的后面分别是一只山羊。如果参赛者选择了后面有车的那扇门，就可以免费获得这辆汽车。参赛者詹姆斯选择了A门。

这时，主持人蒙提霍尔开始试图动摇参赛者的决定。

“好了，詹姆斯，你选择了A门。接下来，我将打开B门和C门中的其中一扇。”

然后，蒙提霍尔打开了B门。不出所料，在B门后面的是一只山羊。

蒙提霍尔按照以下规则决定开哪一扇门。

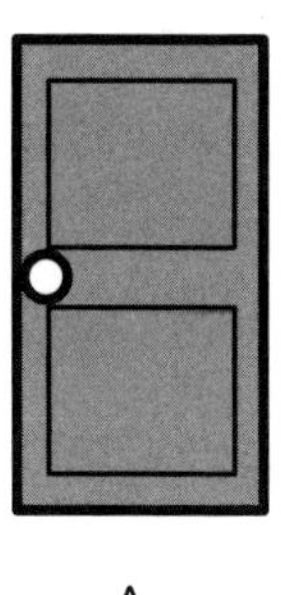
A

B
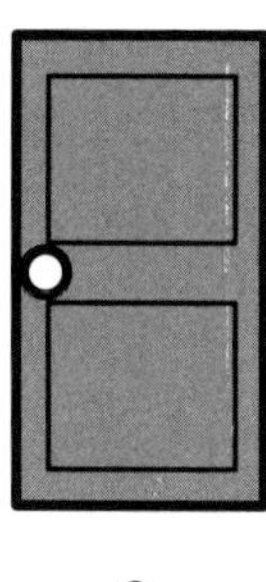
C

- 选择后面有山羊的门。
- 如果剩余两扇门后面都有山羊，则随机决定。

蒙提霍尔继续说道:“詹姆斯，现在你可以重新选择。你要选择C门吗？”

此时，詹姆斯被告知他有重新选择的权利，他可以选择C门，也可以继续选择A门。

在这个节目中，很多人都坚持了最初的选择。他们认为凭直觉做出的选择，即使结果不尽如人意也没有关系。反之，如果因蒙提霍尔的话而重新做出选择，之后发现门后面是山羊，就会感到十分后悔，所以很多人依然选择相信自己的直觉，没有进行重新选择。

某一时期，一名高智商女性玛丽莲 · 沃斯 · 莎凡特在她的人气专栏《向玛丽莲提问》(*Ask Marilyn*)中提到了这个问题。

她认为如果选择之前未选的门，那么选中后面有汽车的门的概率就会变成原来的2倍。这个观点与凭直觉得出的答案完全不同，遭到了许多人的质疑，其中不乏一些数学家。

最终还是玛丽莲的观点占了上风。结果表明，如果重新做选择，赢得汽车的概率确实会变成原来的2倍。

这个问题被称为“蒙提霍尔悖论”，它是反映直觉和实际概率不同的著名案例。

在这次思想实验中，我们只是将蒙提霍尔悖论中的门换成了纸杯，汽车换成了金色小球。现在，让我们从视觉上简化问题，列出所有的选项吧。

请参照第118~119页的图。这些图列出了在不改变选择的情况下会出现的所有情况。如图所示，金色小球在被选中的纸杯中的概率是1/3。

我们先选一个纸杯，然后打开剩余的纸杯中没有放入金色小球的一个，这在蒙提霍尔悖论中就相当于打开没被选中且后面没有汽车的那扇门。然后，思考一下，如果改变选择，选了剩下的纸杯，那么这个纸杯中放有金色小球的概率会如何变化呢?

此时，这个未被打开的纸杯中放有金色小球的概率是2/3。

我们从这个过程中可以得知，从概率上来说，重新选择的纸杯中放有金色小球的概率会变大。

不改变选择时所有可能的情况

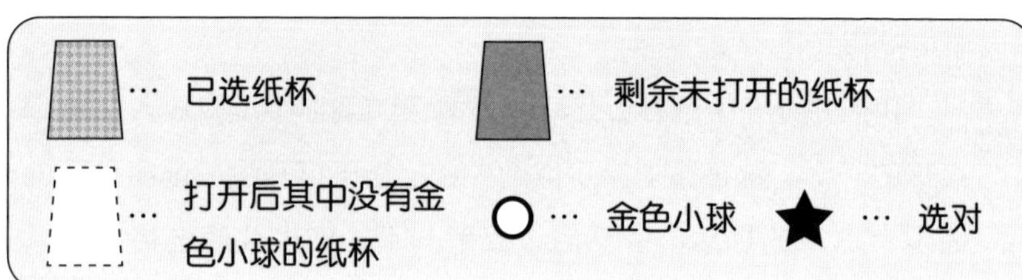

… 已选纸杯
… 剩余未打开的纸杯
… 打开后其中没有金色小球的纸杯
… 金色小球
… 选对

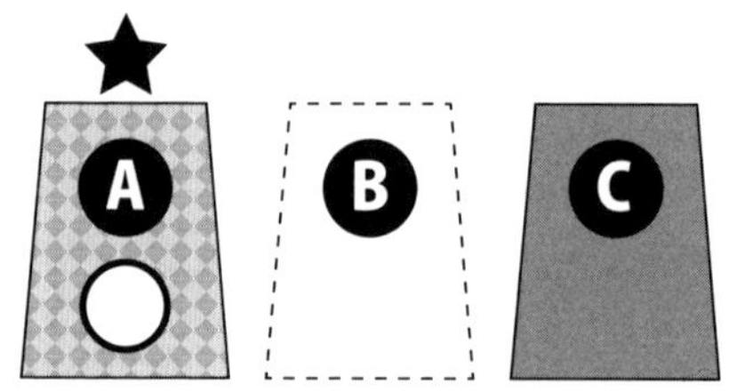

A
B
C

选择 A 纸杯且金色小球就在 A 纸杯中

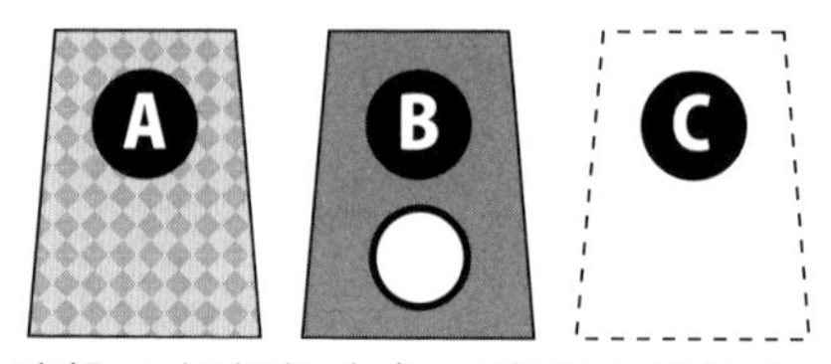

A
B
C

选择 A 纸杯但金色小球在 B 纸杯中

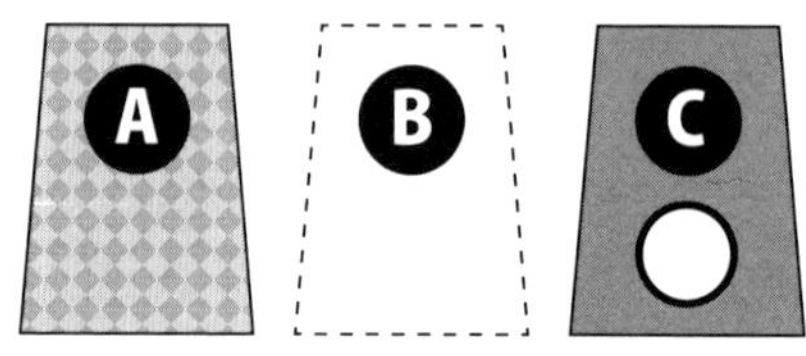

A
B
C

选择 A 纸杯但金色小球在 C 纸杯中

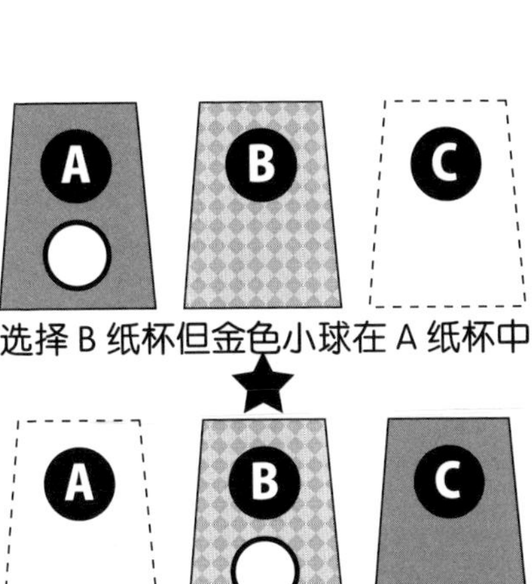
A
B
C
A
B
C

选择 B 纸杯但金色小球在 A 纸杯中

选择 B 纸杯且金色小球就在 B 纸杯中

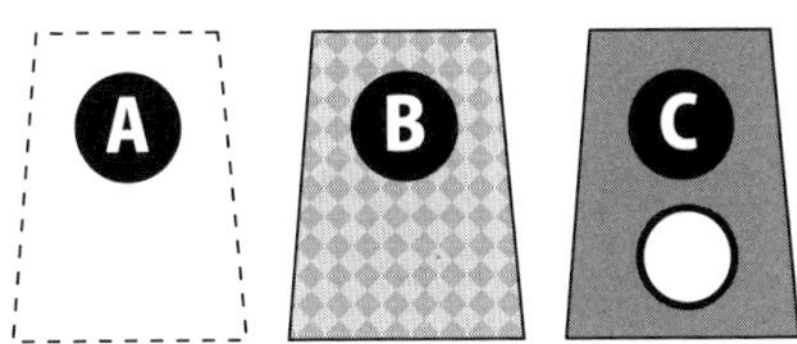
A
B
C

选择 B 纸杯但金色小球在 C 纸杯中

A
B
C

选择 C 纸杯但金色小球在 A 纸杯中

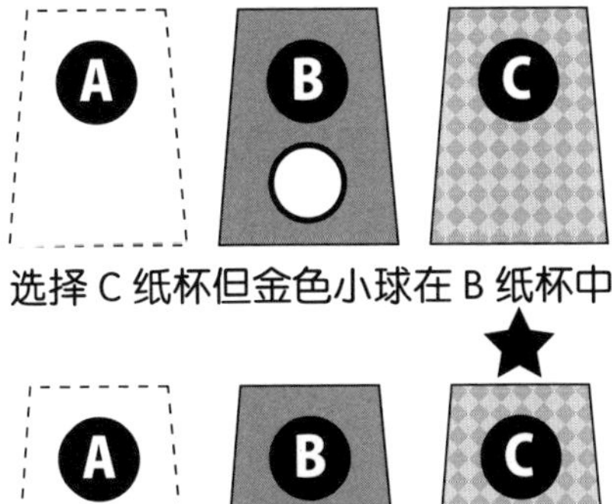
A
B
C
A
B
C

选择 C 纸杯但金色小球在 B 纸杯中

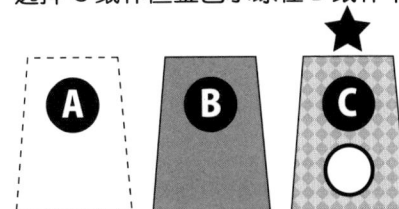

选择 C 纸杯且金色小球就在 C 纸杯中

改变选择时所有可能的情况

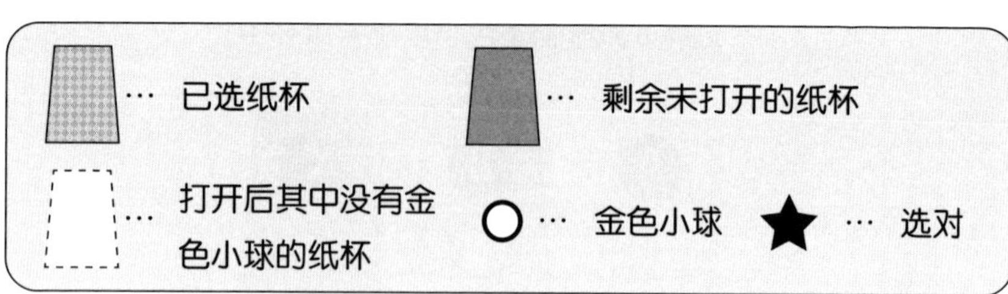

… 已选纸杯
… 剩余未打开的纸杯
… 打开后其中没有金色小球的纸杯
… 金色小球
… 选对

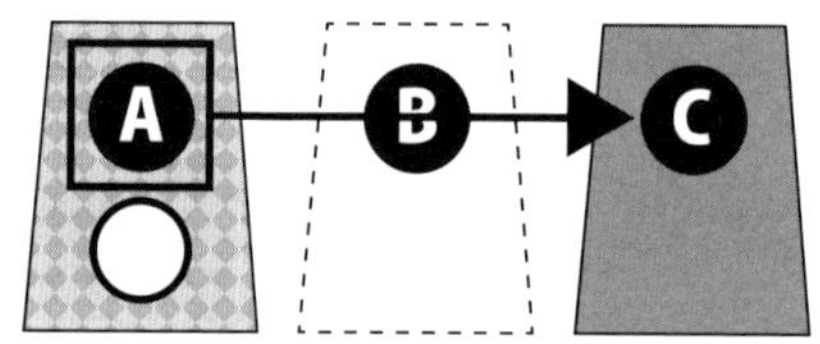

A
B
C

一开始选择 A 纸杯，选择 C 纸杯后发现金色小球就在 A 纸杯中

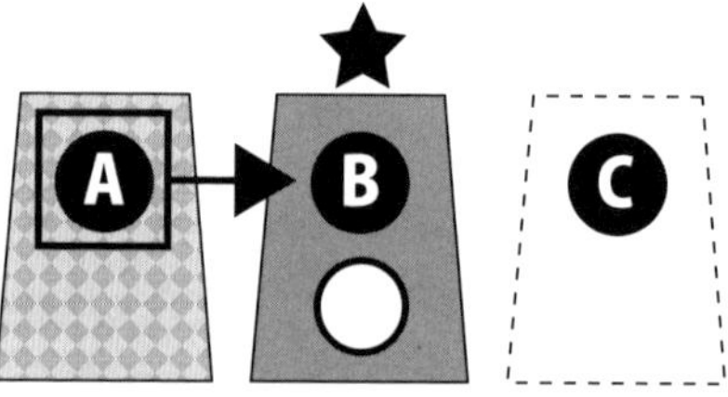

A
B
C

一开始选择 A 纸杯，选择 B 纸杯后发现金色小球正好在 B 纸杯中

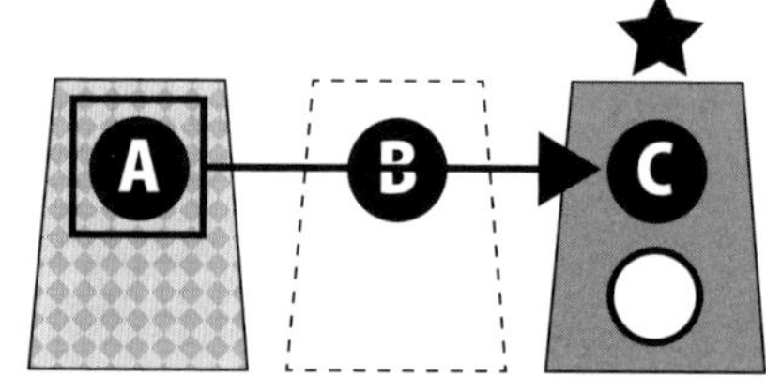

A
B
C

一开始选择 A 纸杯，选择 C 纸杯后发现金色小球就在 C 纸杯中

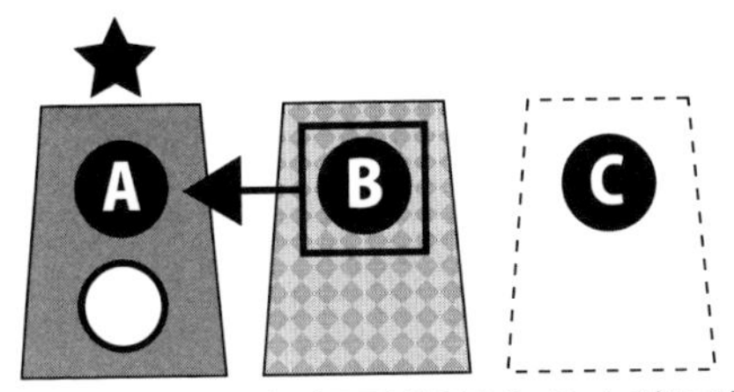
A
B
C
一开始选择 B 纸杯，选择 A 纸杯后发现金色小球正好在 A 纸杯中

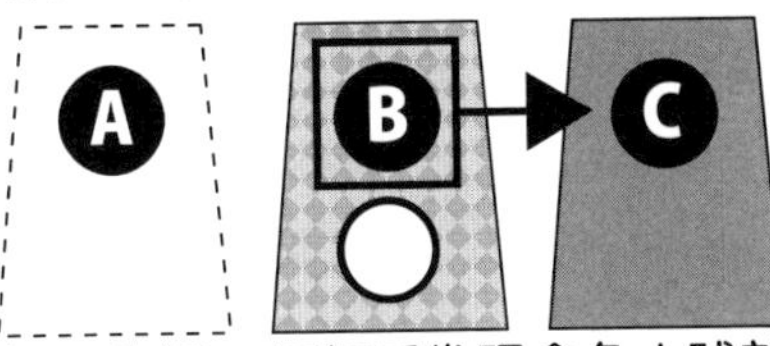
A
B
C
一开始选择 B 纸杯，选择 C 纸杯后发现金色小球就在 B 纸杯中

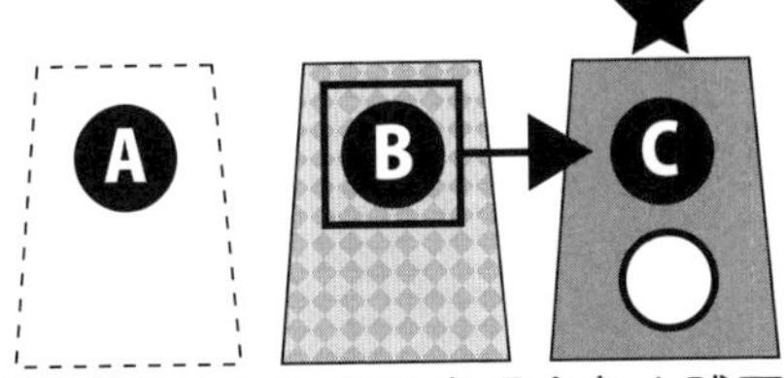
A
B
C
一开始选择 B 纸杯，选择 C 纸杯后发现金色小球正好在 C 纸杯中

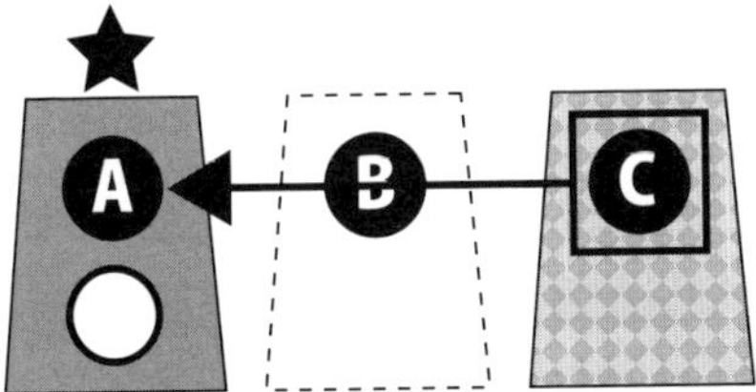
A
B
C
一开始选择 C 纸杯，选择 A 纸杯后发现金色小球正好在 A 纸杯中

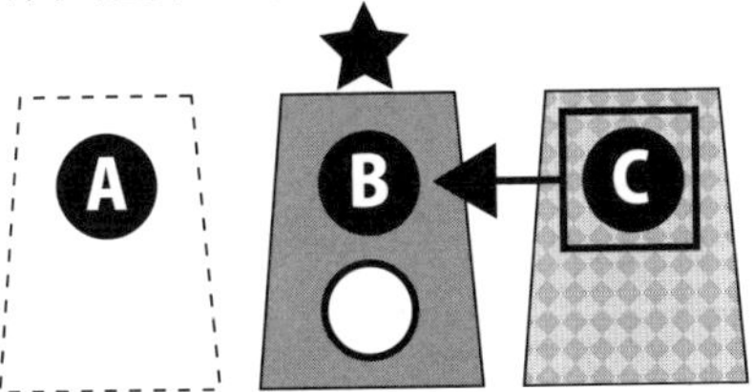
A
B
C
一开始选择 C 纸杯，选择 B 纸杯后发现金色小球正好在 B 纸杯中

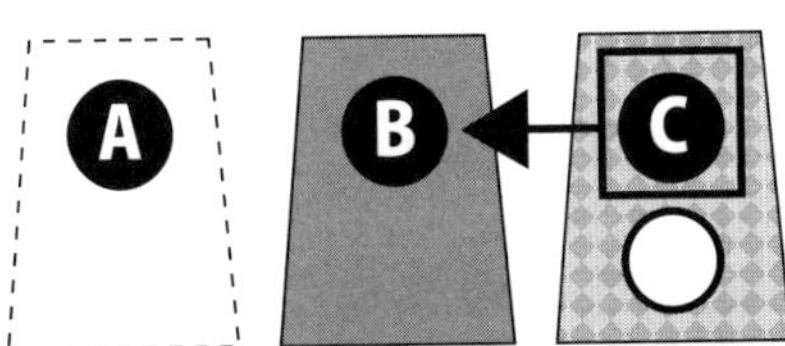
A
B
C
一开始选择 C 纸杯，选择 B 纸杯后发现金色小球就在 C 纸杯中

思想实验⑨

如果物品可以无限增长……

成倍增长液

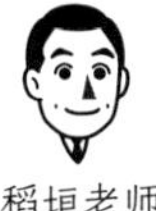

稻垣老师

“哆啦A梦有一个神奇的道具，这个道具的名字叫成倍增长液。只需将成倍增长液滴在物品上，物品就会成倍增长。接下来，我们就做一个跟成倍增长液有关的思想实验吧。”

哆啦A梦有一个神奇的道具，它的名字叫成倍增长液。比如，把它滴在一个铜锣烧上，5分钟后，这个铜锣烧就会变成2个铜锣烧。10分钟后，它又变成了4个铜锣烧，照此类推，15分钟后，铜锣烧的数量就会变成8个。但是，如果你在这5分钟内吃完所有铜锣烧，它就不会继续增多了。也就是说，如果你在铜锣烧增长到8个的时候，把8个铜锣烧全部都吃掉，成倍增长液就不再起作用了。

在漫画中，大雄在栗子面包上滴了成倍增长液，等栗子面包变多后，大熊就开始吃栗子面包。最初栗子面包的数量增长得不快，因此大雄可以很悠闲地享用它们，然后等它们继续增多。但是，随着栗子面包数量增长得越来越快，大雄吃栗子面包的速度逐渐赶不上栗子面包数量增长的速度了。虽然大雄让周围的人帮忙一起吃，但还是吃不完。

最终，大雄没能遵守与哆啦 A 梦的约定，做了绝对不能做的事——他把吃不完的栗子面包扔进了家后面的垃圾桶里。即便如此，栗子面包还是在增多，最后溢出了垃圾桶。

之前哆啦 A 梦曾告诫过大雄，如果不管这些栗子面包，任由它们肆意变多的话，会造成很严重的后果。所以，大雄最终还是把这件事告诉了哆啦 A 梦。

哆啦 A 梦找到了那些从垃圾桶里溢出来的栗子面包。吃完如此多的栗子面包已经不可能了，于是，哆啦 A 梦用包袱布将它们包起来并装在火箭上发射到外太空了。

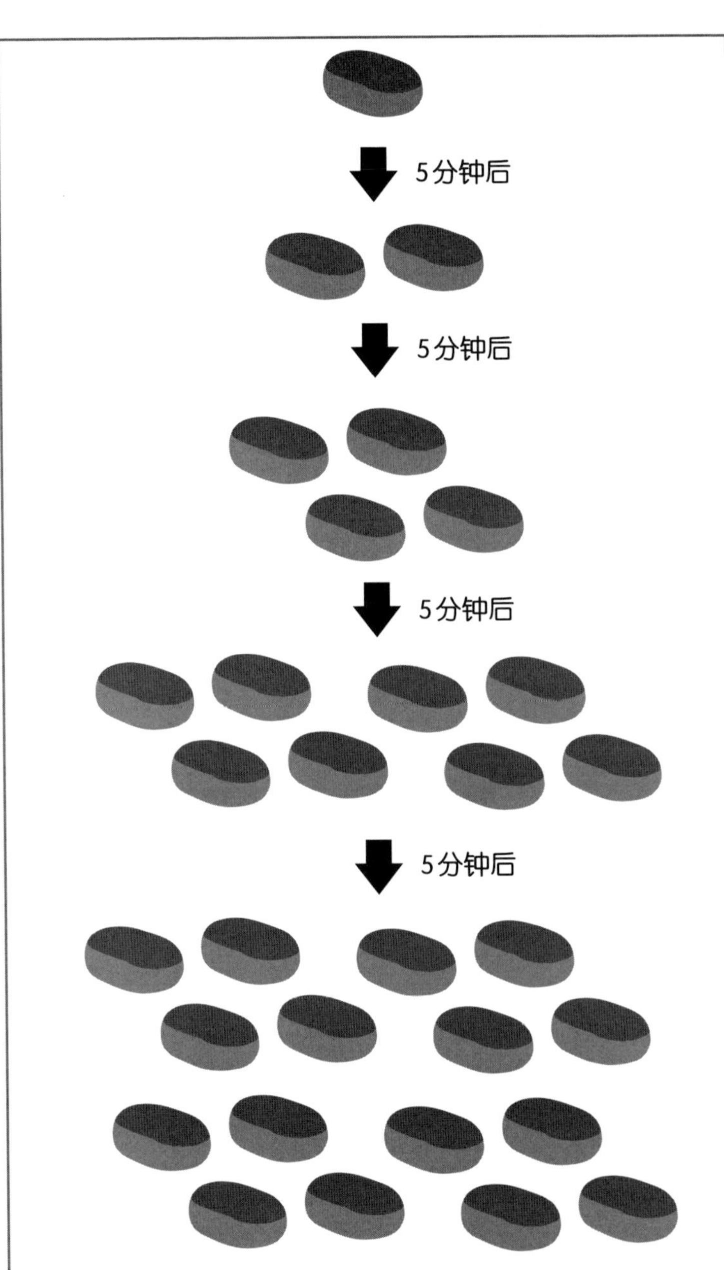

5分钟后
5分钟后
5分钟后
5分钟后

稻垣老师

“故事就讲到这里……”

玲奈

“嗯，结局就是这些栗子面包安全抵达外太空，开始了它们的外太空之旅。”

稻垣老师

“嗯。但是，你不觉得这个故事还有值得我们深入思考的东西吗？”

“啊？”

玲奈

佑马

“如果任由栗子面包肆意变多的话，它们很快就会填满地球，所以，哆啦A梦决定把它们送往外太空……这样不是挺好的吗？”

小俊

“被送往外太空后，栗子面包还会增多吗？我觉得如果外太空是浩瀚无垠的话，应该可以容纳这些逐渐增多的栗子面包吧？但是栗子面包会无限增多，这样的话……”

稻垣老师

“没错，我就是想让大家思考这个问题。”

那么，被送往外太空的栗子面包会不会无限增多，直至填满整个外太空呢？

本次思想实验的主题

稻垣老师

“被火箭送往外太空的栗子面包会变得如何呢？”

让我们认真地想一想……

麻友

“外太空难道不是无边无际的吗？我觉得不管栗子面包增长到多少，外太空都能容得下它们。可以被一口吃掉的栗子面包，无论数量增长到多少，它们所占的空间与外太空相比都会显得很渺小吧？”

“话又说回来，广阔的外太空有尽头吗？外太空不是无限大的吗？”

玲奈

佑马

“据说，迄今为止外太空还在持续扩张。这样看来外太空不是无限大的。”

“首先，我们试着从栗子面包数量的增长方式开始思考吧。”

小俊

麻友

“5分钟之后，栗子面包由1个变成2个，10分钟后变成4个，15分钟后变成8个，20分钟后变成16个……此时，这些栗子面包还能用盘子装下。”

“60分钟后，栗子面包的数量就变成了4096个。”

玲奈

麻友

“数量突然增加了好多啊。大雄肯定吃不完这么多的栗子面包。”

“2小时后，栗子面包就变成16777216个！3小时后就是68719476736个！”

小俊

麻友

“太多了吧。按照这个增长速度……岂不是没完没了了？这个数量完全超出了我的想象。”

佑马

“地球上生活着70多亿人，相当于每个人吃9个栗子面包，才能把68719476736个栗子面包吃完。假设这些栗子面包没有被送往外太空，那么把它们分发给全世界的人，大家一起吃，应该能勉强吃完吧？如果还没吃完的话，再过5分钟之后，可能每个人得吃20个栗子面包才能勉强吃完。”

玲奈

“4小时后，栗子面包的数量就会变成281474976710656个！”

麻友

“天啊，还有比兆更大的单位吗？只经过4个小时，栗子面包的数量居然就增长到这么多了！这样的话，不到1年，整个世界就要大乱了。”

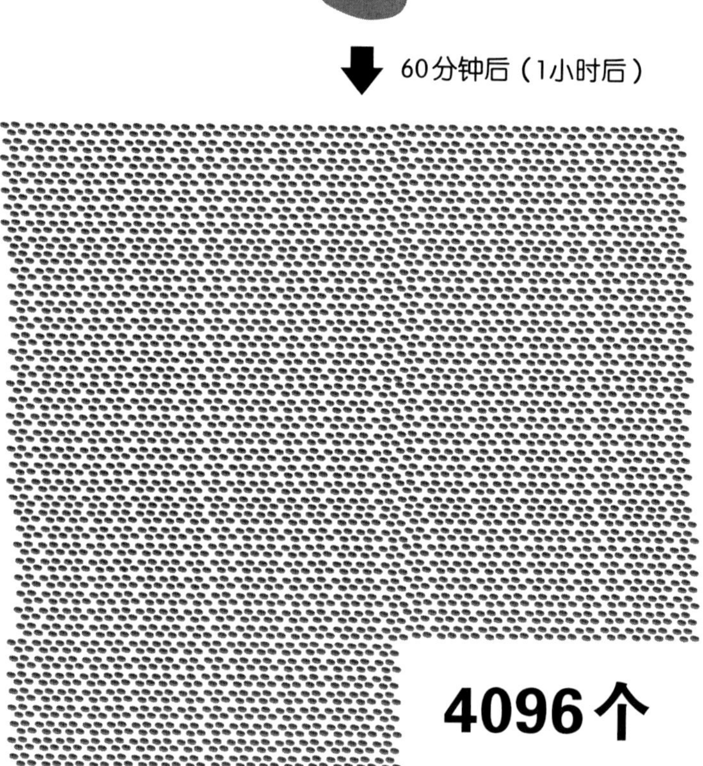
60分钟后（1小时后）
4096个

玲奈

"我查了一下，比兆更大的单位是京。按照目前栗子面包数量的增长速度来算的话，9小时后，它们的总质量就会超过地球的质量，12小时后就会超过太阳的质量，1天之后整个外太空都被栗子面包占领也不是不可能。"

佑马

"居然只要1天，外太空就有可能被栗子面包占领了！成倍增长液的效果太可怕了！"

小俊

"但我们也不是没有应对策略。只要吃光栗子面包，成倍增长液的效果就会消失。"

玲奈

"但栗子面包并没有被吃光，剩余的栗子面包最终被送往外太空了。"

小俊

"我们还是先来思考一下成倍增长液的失效机制吧。"

麻友等学生开始思考成倍增长液的特性。

佑马

“只要吃完栗子面包，成倍增长液的效果就会消失，这意味着成倍增长液会被胃液消化吗？”

玲奈

“我觉得充分切碎才是让成倍增长液失效的关键。也就是说，将栗子面包变成小碎块就行了。”

小俊

“比如说，用菜刀将栗子面包切成两半，这样是不是就可以使它们停止变多？”

麻友

“如果这样就能阻止栗子面包变多的话，岂不是没必要将剩下的栗子面包送往外太空了？但是，哆啦A梦还是这么做了……”

佑马

“离开地球飞往外太空，要经受大气层的冲击，栗子面包能承受得住吗？”

玲奈

“原来的故事设定是用包袱布将栗子面包裹好，再用火箭送到外太空，在这次思想实验中，我们默认了这些栗子面包可以顺利到达外太空。”

佑马

“如果这些栗子面包都被太阳烤焦了，最终化为了黑炭，此时，栗子面包的数量应该就不会继续增长了吧？”

麻友

“此外，这些栗子面包在撞到外太空的垃圾或石块后，一旦发生变形，数量肯定也不会继续增长了。我认为还有很多其他的可能性。”

稻垣老师

“如果让你们对成倍增长液进行改良的话，你们会怎么做？思考一下吧。”

佑马

“只要限制物品数量增长的最大次数，就不会导致栗子面包填满整个外太空了。”

玲奈

“可以发明一种让栗子面包回到最初状态的特殊道具，比如时光包袱布之类的。”

麻友

“比如，设定再滴一次成倍增长液就可以使物品数量停止增长之类的安全机制。我觉得没有设置安全机制的成倍增长液太危险了！”

一起思考一下吧！

麻友等学生就栗子面包在被送往外太空之后会发生什么进行了热烈的讨论，最终得出了栗子面包的数量可能会无限增长的结论。他们还讨论了如何让栗子面包的数量在增长到无法控制之前停止增长。

你是如何看待成倍增长液的呢？从下面几个方面进行思考，然后试着参与到麻友等学生的对话中。

1 数量持续增长的栗子面包会不会填满整个外太空呢?

2 如果成倍增长液被吃进肚子后就会失去效果，那么，滴了成倍增长液的栗子面包会在外太空中持续增多吗?

3 如何才能提高成倍增长液的安全性呢?

小结

成倍增长液的故事被收录在《哆啦A梦》的第17卷第1话中。在此话最后的场景中，作者描绘了因成倍增长液而持续增多的栗子面包被火箭送往外太空的奇特画面。这一画面引发了许多人对于进入外太空之后的栗子面包会变得如何的讨论。

有的人基于目前已知的外太空大小进行了计算，还有的人预测栗子面包是否会黑洞化等，大家都站在不同的角度提出了自己的想法。

这个思想实验让参与者感受到了无穷的乐趣。

思想实验 ⑩

我有救人的义务吗？

小提琴家与特效药

稻垣老师

“如果让你做下面的志愿活动，你愿意吗？”

某个秋天的傍晚，你坐在公交车上，你可能有点累了，一阵困意袭来，进入了梦乡。过了很长时间，你终于醒了过来。

当你睁开眼时，你发现自己躺在一张床上，耳边传来陌生人的谈话声。

“我翻遍了医院所有的数据，终于找到了这个人，如果是他的话，就有救了！”

陌生人觉察到你醒了，凑过来说道：“你可是我们的救世主啊！”

你定睛一看，发现自己旁边还有一张床，上面躺着一名男性。你发现自己和这名男性之间居然连接着一根管子，你大声惊呼："这是什么！快点把这根管子拿走！这儿到底是哪里？"

陌生人拒绝了你的要求，并开始讲述其中的缘由。

"非常抱歉，我不能把这根管子拿走。用管子与你相连的这个人是世界上最优秀的小提琴家。他生平获奖无数，但天妒英才，他患了重病，已经时日不多了。只有与你连接在一起，他才不会死。"

你惊慌地回答："啊？到底怎么回事？我想立刻回家。"

陌生人一脸诚恳地继续对你说："十分抱歉，我不能答应你。你和小提琴家有着同样稀有的血型，如果没有你的话，他很难活下来。针对他的病，医疗团队正在开发特效药，目前进展顺利，再过9个月，特效药就能研制出来，到时候他就有救了。在特效药研制出来之前，我希望你无论如何都要忍耐一下，留在这里救他。"

那么，你到底有没有义务救小提琴家呢？

本次思想实验的主题

稻垣老师

“你与小提琴家之间要用一根管子连接，这种状态要持续9个月，并且你对小提琴家的帮助是无偿的。你有没有义务救小提琴家呢？大家可以认真思考一下。”

让我们认真地想一想……

麻友

“说到底，这就是无偿提供帮助的志愿活动啊。嗯，如果是我的话，我会犹豫。”

“我觉得应该救他，毕竟事关生死啊，我无法坐视不管。”

小俊

玲奈

“你说的没错。”

“嗯，但是9个月好漫长啊。9个月后再回归正常生活会不会跟不上其他人的节奏？并且这么久都不能洗澡，好难熬啊。”

麻友

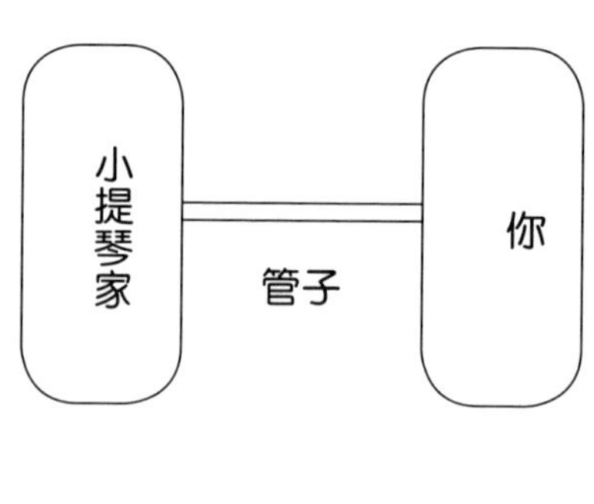
小提琴家
管子
你

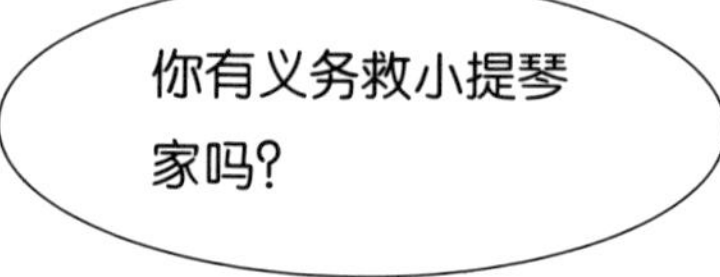
你有义务救小提琴家吗?

佑马

“这个思想实验的关键在于我们有没有义务救小提琴家。我觉得我们是没有义务这样做的。”

“明明小提琴家还是有机会活下来的，如果我们不帮助他的话，不就意味着见死不救吗？”

玲奈

佑马

“还是等价交换的交易形式更容易使人认同。突然有人告诉你，你有义务去救某人，无论是谁都会感到不知所措吧？毕竟每个人都有自己的生活。”

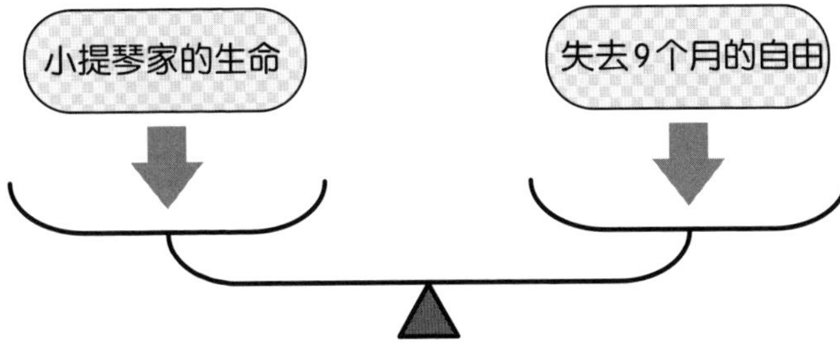
小提琴家的生命
失去9个月的自由

该如何比较二者呢？

玲奈

“这个观点有些冷漠呢。”

佑马

“如果我答应救小提琴家后，世界上最优秀的钢琴家也生病了，他也需要我的帮助，并且救治时间也是9个月，我该怎么办呢？难道我要同时救两个人吗？即便有人对我说，我有义务帮助他们，我还是会感到很困扰。”

稻垣老师听了麻友等学生的对话，提出了一个方案。

稻垣老师

“我们分成两个小组，即有义务救小提琴家组和无义务救小提琴家组，再进行讨论吧。”

麻友

“我选择无义务救小提琴家组。”

小俊

“我和玲奈选择有义务救小提琴家组，麻友和佑马选择无义务救小提琴家组吧。”

麻友

“好的。”

麻友等学生分完组后，相互交换了意见。

玲奈

“这是一件人命关天的事，如果明明可以救却不救，就是见死不救啊。”

小俊

“并且能救小提琴家的只有我，我没有其他选择啊。”

麻友

“话虽如此，但是强制要求我救别人的行为还是有点奇怪。并且这种行为还是无偿的。”

佑马

“我觉得我没有义务救他。打个比方，如果现在有人对你说，只要你无休止地工作9个月就会有一个人因此而得救，你会怎么想？你会不会反问他，为什么这个人是你，而不是别人。”

小俊

“我也会有同样的疑问。但我还是无法拒绝。毕竟这是人命关天的事，我无法说不。”

佑马

“但如果有人对你说，救人是你的义务，你会怎么想？并且做这件事没有任何回报。你有没有觉得哪里不对劲呢？”

小俊

“嗯，这种说法的确会令人不愉快。如果我救了别人，我希望他能对我表示感谢。”

玲奈

“你说的也有一定道理。但即便如此，我还是觉得不应该袖手旁观，因为只有我能救这个小提琴家。在这种情况下，如果我不救他，我的人品就有问题啦。”

小俊

“如果选择放弃救小提琴家的话，我岂不是要自己拔掉那根管子？如果是因为我拔掉了管子而造成小提琴家死亡的话，我不能接受。哪怕我没有义务救小提琴家，可能我也不

只有自己能救小提琴家

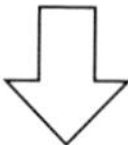

只要拔掉管子，小提琴家就无法得救

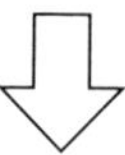

我对主动拔掉管子这件事有些抵触

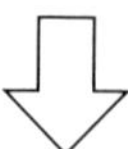

无奈之下，只能忍耐9个月

会拒绝救他。因为我对主动拔掉管子这件事有些抵触，所以我宁愿忍耐9个月。这样做也是无奈之举。”

麻友

“那问题的关键就不在义务上了。”

小俊

“按照我们刚刚的思路，义务这种说法的确有些奇怪。我们救小提琴家完全是出于爱心，但这并不代表我们有救他的义务。”

麻友

“因为我跟小提琴家之间需要用管子进行连接，所以我的身体也有可能因此而出现问题。我觉得我不会救小提琴家。”

玲奈

“就这个思想实验而言，我们讨论的重点在于是否有救小提琴家的义务。虽然我们没有义务救小提琴家，但是，在实际行动中是否选择去救他就是另一回事了。如果是我的话，我虽然觉得没有义务救他，但还是会选择救他。”

一起思考一下吧！

麻友等学生在稻垣老师的指导下，围绕着是否有义务救小提琴家的话题进行了热烈的讨论，最后得出了救小提琴家不能算义务这一结论。

你看了他们的对话又是如何思考的呢？从以下几个方面进行思考，试着参与到他们的讨论中吧。

1 我们有没有义务救小提琴家呢？

2 救或者不救？请分别站在不同的立场上进行思考。

小结

“你是否有义务救小提琴家？”是朱迪斯·贾维斯·汤姆森提出的思想实验。

汤姆森本人觉得可以选择不去救小提琴家。即使你们二人被管子连接在一起了，你也没有救小提琴家的义务。选择救小提琴家，完全是出于你的爱心，而并非出于你需要履行的义务。

在实际情况中，当你考虑到对方是通过管子与你相连才好不容易保住性命后，你也不会主动拔掉管子。

本次思想实验中，你是在不知情的情况下被陌生人用一根管子将你与小提琴家连接在一起的，仿佛你只是救小提琴家的一个工具。陌生人明明知道这样做有可能对你的身体产生负面影响，却无视这种风险，这种做法实在太自私了。由此看来，我们的确没有义务救小提琴家。

我有义务救小提琴家吗?

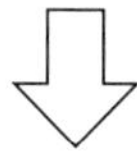

我去救他是出于爱心

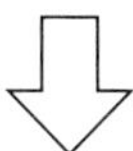

选择救小提琴家可能是出于对生命的尊重以及对主动拔掉管子的抵触等，而不是出于义务

思想实验 ⑪

脑中的认知与实际体验得到的信息一样吗?

玛丽——色彩学家

稻垣老师

“这个思想实验的主题与色彩有关。我们常见的色彩有什么特别之处吗？先来一起看看下面这个思想实验吧。”

玛丽刚出生不久，她的父母就被告知她的眼睛有异常。玛丽一看到有颜色的东西，眼睛就会受到强烈的刺激。因此，父母为她准备了黑白护目镜。从此，玛丽一直带着那副只能看到黑色和白色的护目镜。红色的苹果在玛丽看来是深灰色的，碧蓝的天空在玛丽看来也是灰蒙蒙的。

“大家眼中的色彩是怎样的呢？”玛丽对此十分好奇，于是，她开始学习有关色彩的知识。

渐渐地，她知道了香蕉是黄色的，天空是蓝色的，

苹果是红色的；她知道了红色代表热情，蓝色代表澄澈；她还知道了红色与蓝色混合后会变成紫色。她对色彩的认知越来越深入。但是，除了黑色和白色，她从来没有看到过真正的色彩。

某一天，玛丽的主治医生告诉她："你可以摘下护目镜了。你的眼睛已经完全治好了。"玛丽终于可以看一看外面的世界了。

玛丽走出房间，激动地摘下了护目镜，五彩缤纷的世界一下子映入了她的眼帘。

玛丽感叹道："太美妙了！原来这就是色彩呀！"

此时，学习了很多与色彩有关的知识的玛丽在亲眼看见色彩之后又会有什么新的感受呢？

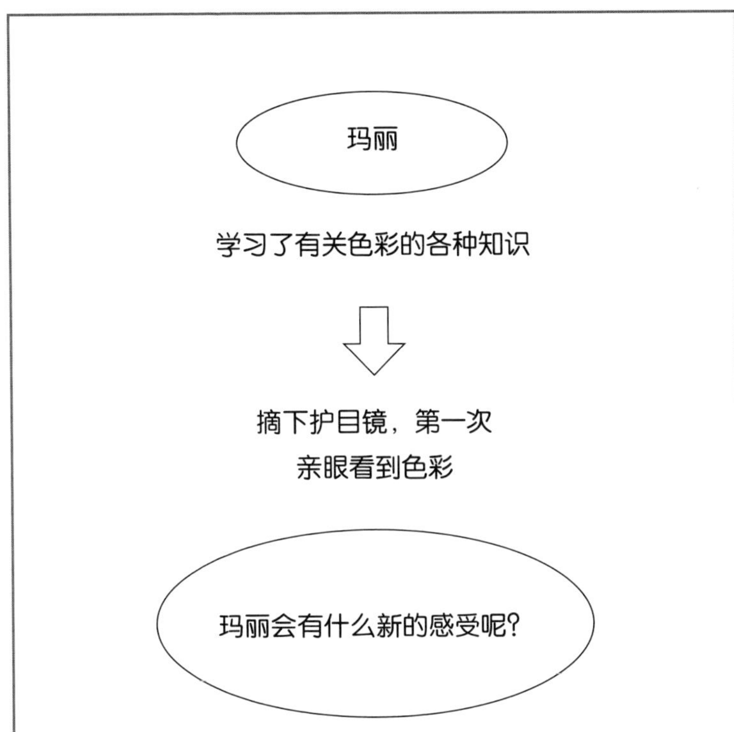
玛丽
学习了有关色彩的各种知识
摘下护目镜，第一次
亲眼看到色彩
玛丽会有什么新的感受呢？

本次思想实验的主题

稻垣老师

"在玛丽第一次摘下护目镜时，她对色彩会有新的认知吗？希望大家想象一下玛丽第一次摘下护目镜，看见湛蓝的天空时的心情。"

让我们认真地想一想……

麻友

"如果是我的话，我肯定会感叹'原来天空的颜色是这样的啊'。"

小俊

"玛丽早就知道天空的颜色了，我想她应该也知道人们在看到天空后一般会做出什么样的反应。所以，当她真正看到天空的颜色时，她只是想验证一下自己之前对天空的认知是否正确。毕竟，她早就有了对颜色的认知，比如，红色的草莓很美味等。"

麻友

"但她也是第一次亲眼看见草莓，难道不会产生'原来草莓是这样的红色啊'的想法吗？"

佑马

"不过，她已经知道红色是什么样了，因此，当她看到草莓时肯定会产生'这个颜色我早就知道了'的感受。"

麻友

"就算她早就知道了草莓的颜色，但毕竟是第一次亲眼看到呀，难道不会产生其他感受吗？"

小俊

"我来举个例子，你给玛丽看一张黑白照片，然后指着红色、蓝色、绿色的地方进行颜色说明。看完黑白照片之后，你再给玛丽看这张照片的彩色版，此时玛丽会有何反应呢？"

玲奈

"不管别人怎样跟她描述照片上的色彩，当她亲眼看到那些色彩时肯定还是会发出'原来如此'的感慨。这样的感慨算不算新的感受呢？"

麻友等学生陷入了沉思。

麻友

“嗯，我认为不管在此之前玛丽的色彩理论知识多么完备，当她真正看见这些色彩时还是会有新的感受。”

佑马

“玛丽到底产生了哪些新的感受呢？”

玲奈

“终于把色彩和信息联系到一起的体验吧？就刚才举的黑白照片的例子而言，当玛丽看到彩色版照片时肯定会感慨‘原来刚刚描述的色彩实际上是这样的啊’。”

佑马

“但是玛丽已经学习过有关色彩的知识了，她肯定知道红色是什么样子的啊。当她亲眼看到红色时，发出的感慨能称得上是一种新的感受吗？”

玲奈虽一脸困惑，但还是尽量回答佑马的问题。

玲奈

“嗯，之前玛丽仅仅是从书本上学习有关色彩的知识，但当她亲眼看到色彩时，她还是会产生‘原来它是这样的啊’‘原来它给人的感觉是这样的啊’之类的感慨，这些感慨对玛丽来说难道不是新的感受吗？感觉没能很好地回答你的问题。”

小俊

“用语言来解释新的感受，的确挺困难的。”

小俊好像想到了什么。

小俊

“让我们换个思路来思考吧。比如，我们四个人一起去吃了超级好吃的炸鸡，并异口同声地说‘太好吃了’。”

麻友

“炸鸡？确实好吃！”

小俊

“大家都觉得炸鸡好吃。我觉得它好吃是因为它肉嫩多汁；麻友觉得它好吃可能是因为它外皮酥脆；佑马觉得它好吃可能是因为它的鸡皮部分炸得刚刚好；玲奈觉得它好吃可能是因为它不仅外皮酥脆，而且肉嫩多汁。对于同样的事物，虽然大家的反应是一样的，但每个人的感受是不一样的。”

佑马

“这说明什么呢？”

玲奈

“你的意思是玛丽对色彩的感受只有玛丽自己知道？”

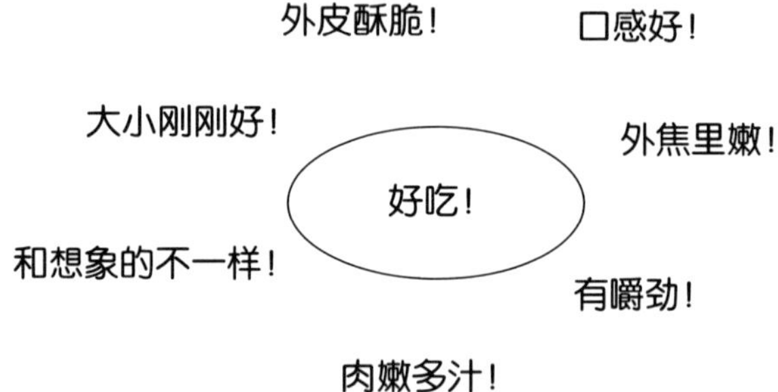
外皮酥脆！
口感好！
大小刚刚好！
外焦里嫩！
好吃！
和想象的不一样！
有嚼劲！
肉嫩多汁！

大家吃了同样的食物后都觉得好吃，可每个人觉得好吃的原因是不同的

小俊

“对！所以，我们才很难说明玛丽有什么新的感受。”

玲奈

“比如，A 和 B 看见了同一种颜色，A 可能觉得这种颜色很好看，但 B 觉得不好看。”

麻友

“虽然玛丽学习了很多有关色彩的知识，但这些知识只是来源于人们的普遍认知。所以，即使玛丽知道大部分人对色彩感受的描述，但这些描述中不包含玛丽对色彩的感受。”

佑马

“原来如此。只有当玛丽亲眼看见色彩时，她才能获得自己对色彩的感受。”

一起思考一下吧！

对于感受这种肉眼看不见的抽象事物，我们该如何思考呢？麻友等学生对此进行了热烈的讨论，得出了类似于“一千个观众眼中有一千个哈姆雷特”的结论。所谓“仁者见仁，智者见智”，便是如此。

试着从以下几个方面进行思考，并参与到他们的讨论中吧。

1 当玛丽第一次摘下护目镜看到草莓时，她的感受如何?

2 玛丽摘下护目镜看到了五彩缤纷的世界，她会有什么新的感受呢?

小结

玛丽学习了大量有关色彩的知识。按道理说，只要是与色彩有关的事，几乎没有玛丽不知道的。

但是，当玛丽第一次亲眼看见色彩时，她的确有了不一样的感觉。很显然，玛丽对色彩有了新的认知。这就是所谓的新的感受吧!

当你被告知在这个盒子里放着一块红布时，你的脑海中一定会浮现红色。当盒子被打开时，你就能直观地感受到这块红布的颜色是怎样的。是否比你想象的更红? 像红苹果一样红吗? 此时，你会发现这块红布实际的红色与你想象的红色之间有细微差别。

我们喝热汤时会觉得汤很烫，在公园散步时会觉得空气清新，在面朝大海时会感叹它的壮阔，这些发自内心的主观感受

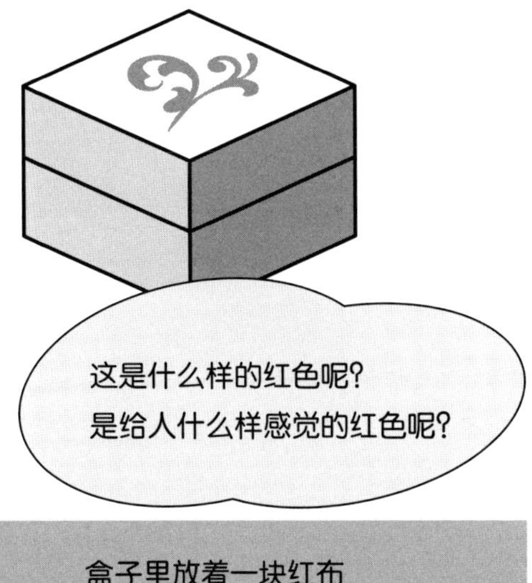
这是什么样的红色呢？
是给人什么样感觉的红色呢？

盒子里放着一块红布

被称为感质 。

当玛丽亲眼看到色彩时，她获得了只属于自己的对色彩的感受。虽然玛丽之前学习了很多有关色彩的理论知识，但是这些知识不包括当她亲眼看到色彩时的感受。因此，所谓的新的感受应该就是感质了。

思想实验⑫

为了拯救大多数人，牺牲一个人也没关系吗？

器官抽签

稻垣老师

“如果存在下文中的‘器官抽签法’法案，你们会做何考虑？我们一起来思考一下，这项法案真的合情合理吗？”

某个国家颁布了一项名为“器官抽签法”的法案。

该法案规定一个身体健康的人需要向5个患重病的人捐献自己的器官。这样只需牺牲一个健康的人就可以救活5个重症患者，从而达到牺牲少数人的生命，挽救更多人的生命的目的。

究竟谁会是捐献器官的人呢？通过电脑抽签来决定。为了确保抽签的公平性，这个国家的所有人都要参与抽签活动。

在捐献器官前，捐献者毫不知情，这样可以使捐献者受到的伤害降到最低。手术是通过电脑进行的，所以不会发生任何医疗事故，也能够确保受捐献的患者可以活下来。

毫无疑问，这项法案的目的是使尽可能多的人获得幸福。

然而，“器官抽签法”真的无懈可击吗？

本次思想实验的主题

稻垣老师

“看了‘器官抽签法’的规则，你是不是已经对这项法案心生反感了？你是不是觉得这项法案很荒谬？那么，这项法案究竟哪里出了问题呢？请大家思考一下吧。”

让我们认真地想一想……

麻友

“故事中的‘器官抽签法’真的好可怕啊。”

小俊

“为了拯救5个人，就要牺牲一个无辜的人的生命，这真的很可怕。”

玲奈

“说不定哪一天就抽到我们自己或是我们的家人、朋友了。我们明明没有做过什么错事，却有可能在毫不知情的情况下成为器官捐献者，并因此丧生。大家肯定不能接受这样的做法啊，我觉得这项法案明显是有问题的。”

小俊

“如果我们被问及是选择牺牲5个人还是选择牺牲1个人时，我们肯定会选择牺牲1个人。但究竟是什么原因让我们对‘器官抽签法’如此抵触呢？”

佑马

“我明白你要表达的意思了，我来简单地解释一下。”

佑马发现了一个很明显的区别。

佑马

“如果不为这5个患重病的人捐献器官，他们就会死去，但他们的死不是别人造成的。医生为了救他们肯定竭尽全力了，只是无力回天罢了。那么，对通过电脑抽签被选中的人而言又是怎样的呢？如果他没有被选中去捐献器官的话，他还可以继续安稳地生活。如今，他却因为要为他人捐献器官而被迫提前结束自己的生命。换言之，这个人是被谋杀的。”

小俊

“你说的有道理。救或不救与杀或不杀还是有区别的。对处于困境中的人，我们应该尽可能地帮助他，但帮助的前提应该建立在不损害他人利益的基础上。如果为了帮助一个人而牺牲另一个无辜的人的生命，这与杀人无异，我们绝对不能这样做。”

玲奈

“你说的没错，我们可以不惜一切代价地去挽救患者的生命，但如果这个代价是牺牲另一个人的生命，那么，这种救人的方法就是不可取的。也许这就是大家抵触‘器官抽签法’的真正原因。”

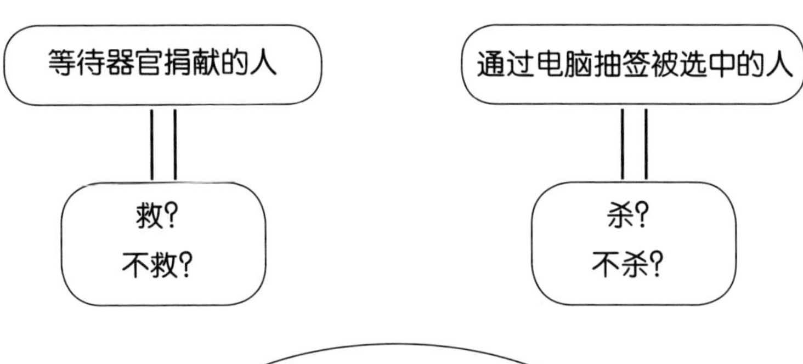
等待器官捐献的人
救？
不救？
通过电脑抽签被选中的人
杀？
不杀？

相比之下，人们更不愿做的选择是要不要杀掉通过电脑抽签被选中的人？

玲奈

“如果真的实施了‘器官抽签法’，我们的日常生活将会受到很大的影响。”

对于玲奈的想法，大家几乎不加思索地表示了赞同。

小俊

“如果真的实施了‘器官抽签法’，我们每天都会处在极度不安之中。因为说不定下一个被抽中要去捐献器官的人就是我们自己或是我们的亲人、朋友。”

“这就是谋杀，应该抗议。”

麻友

佑马

“与其实施这种不合理的法案，还不如在医疗领域倾注更多的人力、物力。”

“并且电脑抽签也不能保证百分之百的公平。”

小俊

玲奈

“人们肯定会感到不安，互相不信任。”

一起思考一下吧！

麻友等学生围绕这一思想实验进行了热烈的讨论。

对于“器官抽签法”你是如何考虑的呢？从以下几个方面进行思考，试着参与到他们的讨论中吧。

1 认真思考一下“器官抽签法”。

2 这项法案究竟错在哪里？

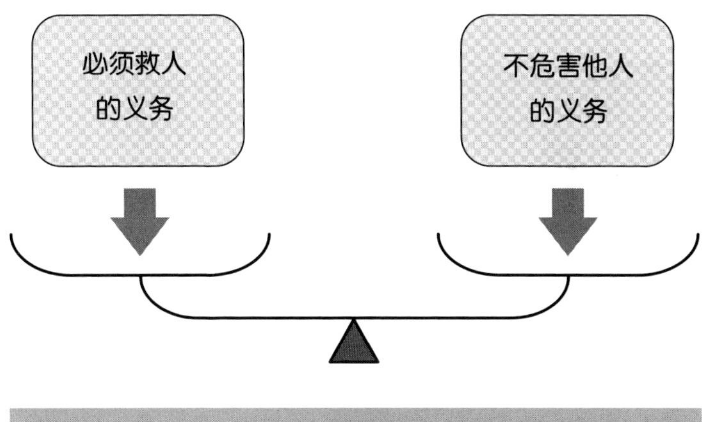
必须救人
的义务
不危害他人
的义务
哪一个更重要呢?

小结

这个思想实验的核心是必须救人的义务和不危害他人的义务哪个更重要。

比如，考试当天有名学生忘记带橡皮了，请思考一下其他人有没有义务将自己的橡皮借给他。

如果你有多余的橡皮，借给他完全没有问题，但是如果你不借给他，你也没有错，因为你没有借给他橡皮的义务。愿意把橡皮借给他完全是出于你的善意和热心。

再比如，你忘记带笔记本了。如果此时你去偷其他人的笔

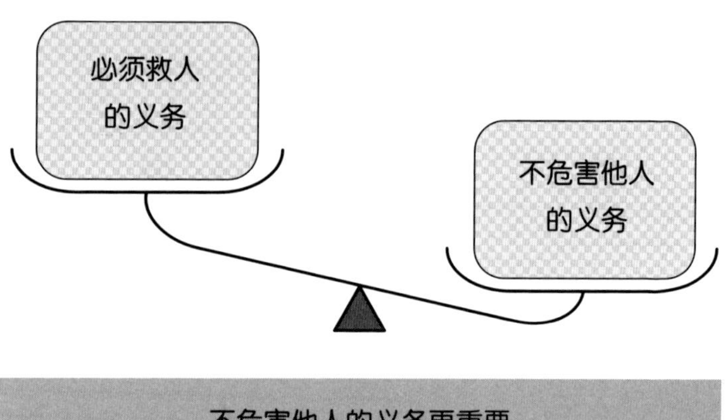
必须救人
的义务
不危害他人
的义务

不危害他人的义务更重要

记本，你就犯了严重的错误，应该受到惩罚，因为偷别人东西的行为是不对的。

由此可见，比起主动帮助他人的义务，当然是不危害他人的义务更重要一些。

帮助他人的义务被称为积极义务，而不危害他人的义务被称为消极义务。二者虽然都是义务，但比起前者，后者更重要。在思想实验 ⑩ 中，很多人都觉得我们没有救小提琴家的义务也是出于这个原因。

思想实验 ⑬

哪艘船才是真的呢?

忒修斯之船

稻垣老师

“这次，我们来做一个有名的思想实验——忒修斯之船。这个思想实验有助于我们深入思考相同与不同的关系。”

传说中的忒修斯之船缓缓驶入港口……

拯救了众人的英雄忒修斯乘船回到了雅典娜。城中的人们为了能一睹船的风采而涌向港口。自此之后，这艘船就被人们保护了起来，人们称其为忒修斯之船。

随着岁月的流逝，忒修斯之船慢慢腐朽了。于是，守护忒修斯之船的人打算将其翻新。

人们将旧的木材拆下，替换成新的木材。这样，忒修斯之船就可以“永葆青春”，人们也能一直看到它了。在之后漫长的岁月中，人们一直没有放弃保养忒修斯之船。

某一天，维修人员保养完忒修斯之船后说道："这艘船上所有的旧木材全部替换完了。忒修斯之船在驶回城时所使用的木材全部被替换成新的木材了。"

此时，另一个人问道："如果我把这艘船上所有被换下来的旧木材收集在一起，是不是就能再制造一艘忒修斯之船？"

"嗯，好像是这样的，那我们试试吧。"

维修人员将换下来的旧木材重新组装，造出了另一艘船。

"居然成功了！"

维修人员看着复原后的另一艘忒修斯之船，万分感慨。

"我们把这艘用原来的旧木材拼成的旧船与维修后的新船放在一起展览吧。"

两艘一模一样的忒修斯之船在参观者中引起了一阵骚动。大家惊叹道："居然有两艘忒修斯之船！"

其中一个人疑惑道："传说中的忒修斯之船居然有两艘！这可不行啊，该如何分辨哪艘船是真的、哪艘船是假的呢？"

听罢，另一个人说道："这两艘船不都是真的吗？"

最先提出疑问的那个人似乎并不认同这种说法。

"不可能！传说中的忒修斯之船只有一艘！"

几乎所有的在场观众都很好奇到底哪一艘才是真

的忒修斯之船。

真正的忒修斯之船到底是哪一艘呢？

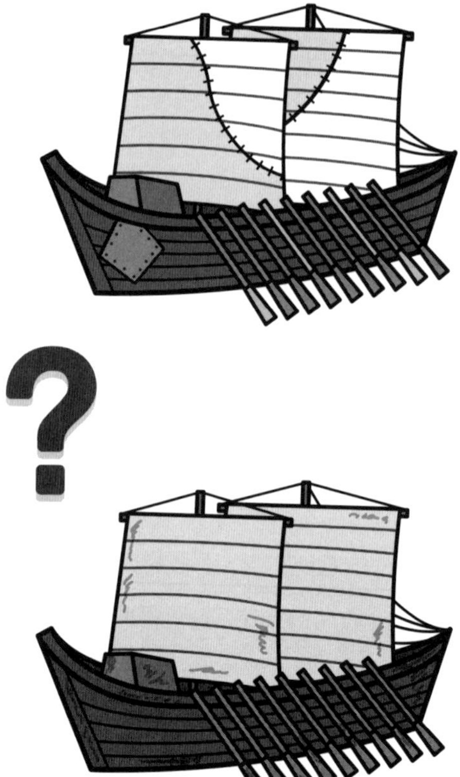

 本次思想实验的主题

稻垣老师

“英雄忒修斯乘坐过的船明明只有一艘，现在却突然变成了两艘，这肯定会让观众感到困惑。那么，在这两艘忒修斯之船中，究竟哪艘船才是真的呢？为了便于讨论，我们把用新木材组装而成的忒修斯之船称为‘修理版’，把用旧木材组装而成的忒修斯之船称为‘复原版’。”

 让我们认真地想一想……

麻友等学生一边在白板上整理目前已知的信息，一边思考。

小俊

“‘复原版’使用了真正的忒修斯之船的木材，因此我觉得它才是真的忒修斯之船。”

佑马

“我不这么认为。‘复原版’已经腐朽了，这样一艘破旧的船实在配不上传说中的英雄之名。换过木材、保养过的那艘船更威风。所以，把

‘修理版’认定为真正的忒修斯之船更好。”

玲奈

“我认同佑马的观点。并且‘修理版’能出海，而‘复原版’已经不能出海了。”

麻友

“嗯，虽然你们说的都有道理。但是，如果当年乘坐过传说中的忒修斯之船的人来看这次展览，他们肯定会觉得那艘破旧的船才是真的忒修斯之船。毕竟那艘船上的木材是他们当年实际使用过的。”

稻垣老师

“那么，我们就假设‘修理版’是真的忒修斯之船吧。”

佑马

“指的是那艘威风凛凛的船吧？”

玲奈

“我觉得从‘是否可以乘坐’这个标准来判断的话，‘修理版’更接近真实的忒修斯之船。”

小俊

“你的意思是‘修理版’与当年的忒修斯之船拥有相同的性能，所以它是真的忒修斯之船吗？从性能方面来说的确如此，‘修理版’和传说中的忒修斯之船都可以供人乘坐。”

佑马

“从外观上来说，‘修理版’和传说中的忒修斯之船是一样的。如果将‘修理版’和‘复原版’并排放在一起，与当年的忒修斯之船进行比较，我们会发现‘修理版’与当年的忒修斯之船的外观更接近。”

佑马若有所思地继续进行补充。

佑马

“3天前，‘复原版’还没有造出来。假设‘复原版’是真的，那么一直存在于此的‘修理版’就会在‘复原版’造出来之时变成假的。”

玲奈

“没错。如果‘修理版’是假的，那就意味着人们一直以来瞻仰、维护的根本就不是忒修斯之船，大家都白忙了一场。”

佑马

“如果‘复原版’是真的，那么问题的重点就变成了‘修理版’从什么时候开始变成假的了？将‘修理版’判断为假的标准是什么呢？有人可能会说只要‘修理版’上的旧木材没有完全被新木材取代，就可以说它是真的。如果是这样的话，那么，

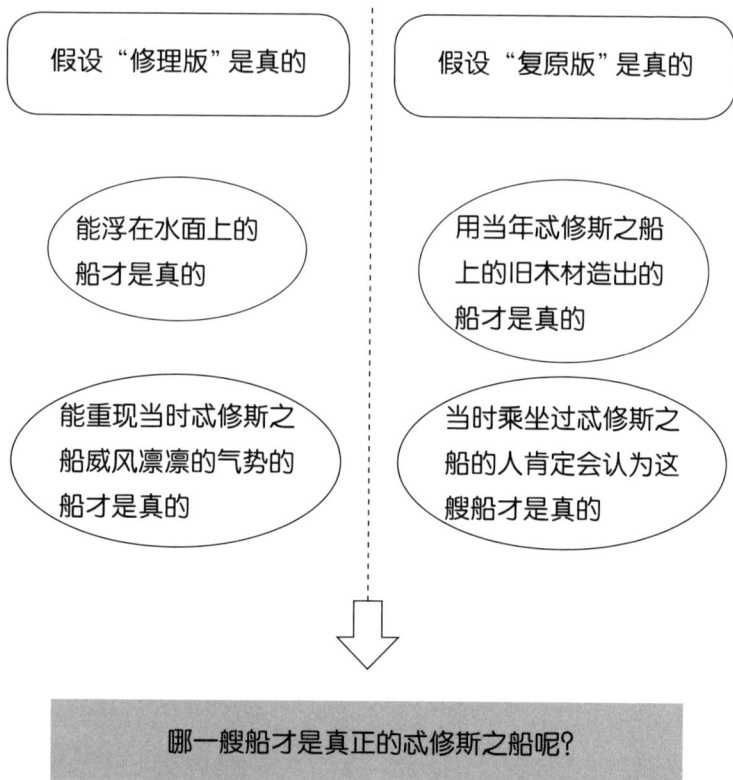

假设“修理版”是真的	假设“复原版”是真的
能浮在水面上的船才是真的	用当年忒修斯之船上的旧木材造出的船才是真的
能重现当时忒修斯之船威风凛凛的气势的船才是真的	当时乘坐过忒修斯之船的人肯定会认为这艘船才是真的

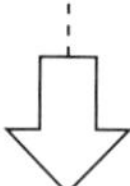

哪一艘船才是真正的忒修斯之船呢？

一旦‘修理版’上的旧木材被完全替换掉，‘修理版’就立刻变成假的了吗？这也太奇怪了。因此，我觉得‘修理版’从始至终都是真的。”

稻垣老师

“接下来，我们假设‘复原版’是真的忒修斯之船吧。”

小俊

“假如有一群学者为了进行学术研究特地前来参观这两艘船，他们肯定会选择看‘复原版’。因为‘复原版’经历了真实的历史，所以它能够得到学者们的认可。”

佑马

“嗯，如果从这个角度出发的话，我同意你的观点。当时经历过无数风雨的忒修斯之船上肯定留下了很多痕迹，而这些痕迹只存在于‘复原版’上。只有‘复原版’能为当时那段历史提供无言的证明。”

玲奈

“只有由忒修斯乘坐过的船上的旧木材组成的‘复原版’才是传说中的忒修斯之船。”

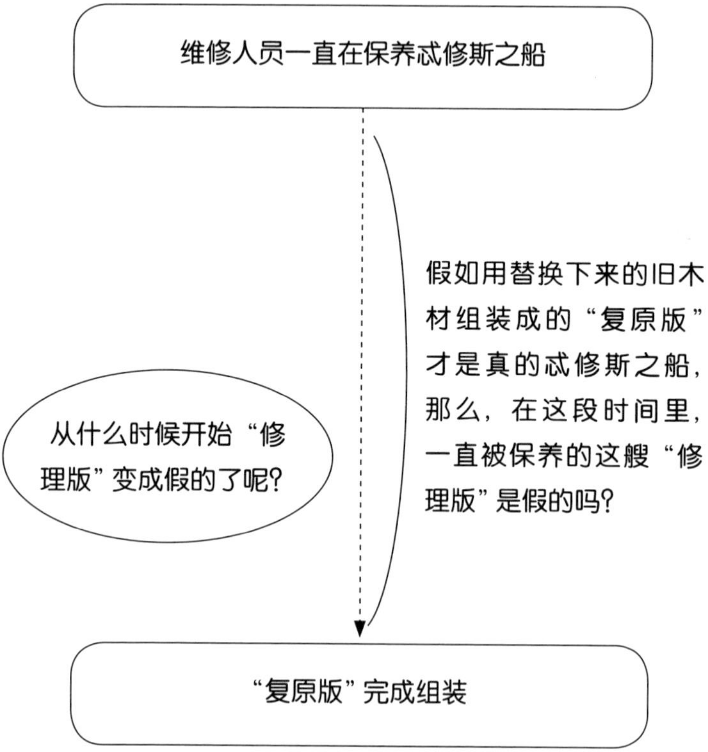

维修人员一直在保养忒修斯之船

假如用替换下来的旧木材组装成的“复原版”才是真的忒修斯之船，那么，在这段时间里，一直被保养的这艘“修理版”是假的吗？

从什么时候开始“修理版”变成假的了呢？

“复原版”完成组装

佑马

"'复原版'不管是在外观上还是在性能上，都和当年的忒修斯之船相去甚远。从外观上来说，'复原版'的表面伤痕累累，与当年的忒修斯之船已经大不一样了。从性能方面来说，'复原版'不能像当年的忒修斯之船那样出海了。'复原版'与当年的忒修斯之船相比，唯一的相同点是使用了相同的木材。"

到底哪一艘船才是真正的忒修斯之船呢？麻友等学生讨论得越来越热烈。

麻友

"这个问题是不是没有答案？两艘船都可以被认为是真的，又都可以被认为是假的。因为它们与传说中的'忒修斯之船'既有着相同点，又有着不同点，对吗？"

小俊

"嗯，我也是这样认为的。当用于判定'是否相同'的标准发生变化时，判断的结果也会随之发生变化。"

一起思考一下吧！

麻友等学生在进行了一场热烈的讨论后，对稻垣老师最开始提到的相同与不同的关系有了更深的体会。

比如，你去超市买萝卜，在你看来，所有的萝卜都是一样的吗？即便萝卜的价格相同，形状肯定也有差别。通过这个例子，我们就能更直观、更深入地理解忒修斯之船这个思想实验了。

围绕忒修斯之船，请你从以下几个方面进行思考，试着参与到麻友等学生的讨论中吧。

1 哪艘船才是真正的忒修斯之船？

2 先假设“修理版”是真的，然后进行深入思考。

3 再假设“复原版”是真的，然后进行深入思考。

4 我们这里讲的“相同”指的是什么呢？

小结

“相同”一词内涵丰富，经常被应用在不同的场合。

比如，某一天，老师布置的汉字测试试卷与上周的测试试卷内容完全相同，你可能会对老师说:“老师，您这次布置的汉字测试试卷和上周的汉字测试试卷完全相同！”。这里的“相同”具体指什么呢?

此处的“相同”是指“考题相同”。也就是说，两次汉字测试试卷上的题目完全相同。

此时，如果有同学反驳说:“我觉得老师这次布置的汉字测试试卷与上周的汉字测试试卷不同，因为上周的汉字测试试卷被我放在家里了！”那么，此时这位同学所说的“不同”又具体指什么呢?

这位同学认为的“相同”指“是否与上周使用了同样一张汉字测试试卷”。比如，我在上次的测试中得了70分，那么得了70分的那张汉字测试试卷就只有一张。其他试卷与那张得了70分的汉字测试试卷不是一张试卷，因此它们是“不同”的。

这个话题在班上引起了热议，更多同学参与了讨论。

“如果是这样的话，‘相同’的测试根本就不可能存在。因为上周的测试是在上周三下午1点25分开始的。即使再进行一次内容相同的测试，在上周三下午1点25分开始的测试也只有那一次。时间无法倒流，因此，我们无法复制出与那次完全相同的测试。”

这两次测试之间，还有许许多多的“相同”与“不同”，试着找出它们并讨论一下吧。

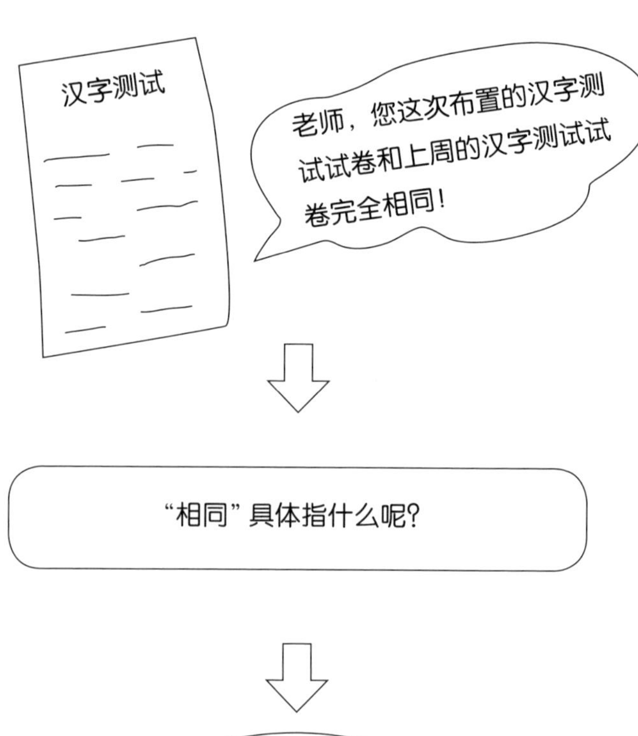
汉字测试
老师，您这次布置的汉字测试试卷和上周的汉字测试试卷完全相同！
“相同”具体指什么呢？
此处的“相同”指“考题相同”

汉字测试

我觉得老师这次布置的汉字测试试卷与上周的汉字测试试卷不同，因为上周的汉字测试试卷被我放在家里了

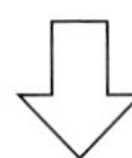

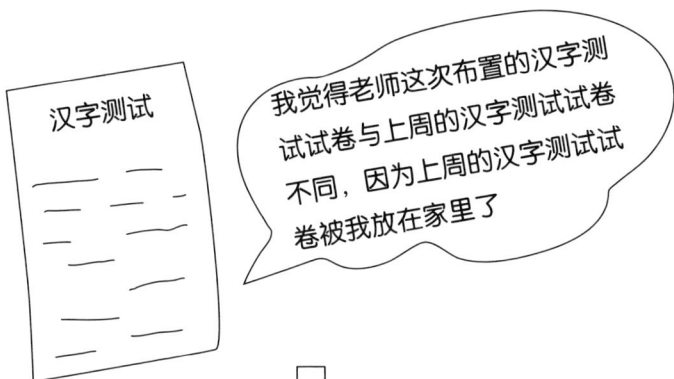

“相同”具体指什么呢?

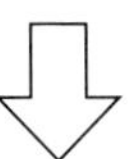

此处的“相同”指“考卷相同”

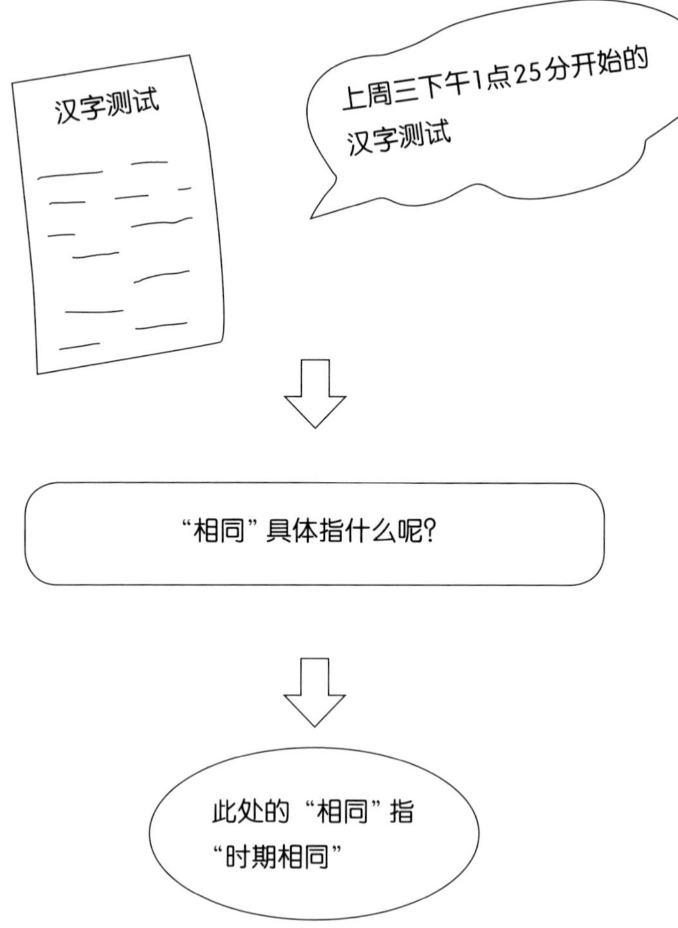
汉字测试
上周三下午1点25分开始的
汉字测试
“相同”具体指什么呢?
此处的“相同”指
“时期相同”

【相同类型的汉字测试】

此时，“相同”指同一类型。

【相同水平的汉字测试】

此时，“相同”指同样的难度。

【相同时期举办的汉字测试】

此时，“相同”指同一时期。

【相同老师出的测试题】

此时，“相同”指出题人相同。虽然测试内容可能不一样，但出题人相同时所出的题目会有出题人的风格。

综上所述，“相同”所指的内容不同时，其内涵也会发生变化。

思考忒修斯之船这个思想实验时，如果我们没有明确“相同”所指代的内容，就迫不及待地进行讨论，就容易陷入混乱。

以下例子，可以供大家参考。

- 相同的木材
- 相同的外观
- 相同的乘客
- 相同的设计者
- 相同的性能
- 相同的时代

由此可见，只要稍微变换思考的角度，就能发现事物之间的很多相同点和不同点。“相同”不可一概而论，在思考角度不明确的情况下去谈论“相同”和“不同”只会让我们思绪混乱。

思想实验 ⑭

被雷击中前后的克里夫是同一个人吗？虽然相同，但又不同。虽然不同，但又相同。

沼泽人

稻垣老师

“这个思想实验主要讲述了一件发生在沼泽的奇异事件。这个思想实验虽然有点难，但我们还是来挑战一下吧。为了便于大家思考，我将原来的思想实验稍加改编了一下。”

某天清晨，一名叫克里夫的男子一如既往地在固定的时间吃早饭。炒鸡蛋搭配培根和面包，再来一杯咖啡，然后吃点土豆沙拉。吃完早餐后，克里夫准备外出。他打算步行去相邻的小镇买一种特别的火腿。

克里夫出了门。由于这个季节山里并不缺少生活物资，所以克里夫没有急着赶路。

途中，克里夫走到沼泽附近时突然被闪电击中，不幸身亡。

然而，第一道闪电刚劈下来，第二道闪电就紧跟其后击中了沼泽。接着，一件不可思议的事发生了。刚刚被闪电击中身亡的克里夫的尸体发生了奇妙的化学反应，一个与原来的克里夫一模一样的生物诞生了。这个生物无论是身体还是记忆都与被闪电击中前的克里夫毫无二致。我们将这个生物称为“沼泽克里夫”。

当然，沼泽克里夫对于自己刚刚被闪电击中的情形毫不知情，他继续赶路去相邻的小镇购买特别的火腿了。

沼泽克里夫买完火腿后回到了家中，一边和家人谈论着今天早上美味的早餐，一边将火腿切成了片。

当晚，沼泽克里夫翻开克里夫读到一半的书，接着往后翻阅。第二天，沼泽克里夫去克里夫所在的公司上班。

那么，不幸被闪电击中而意外身亡的克里夫和新生的沼泽克里夫是同一个人吗？

本次思想实验的主题

稻垣老师

“克里夫和沼泽克里夫的相同之处有哪些呢？如果说他们二者之间有不同之处的话，究竟哪里不同呢？”

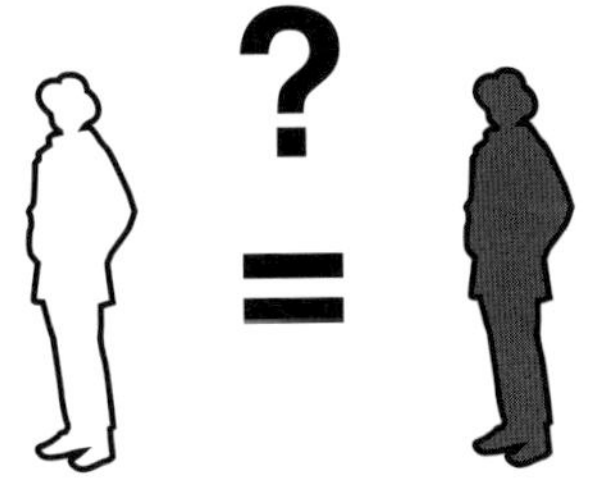
?
=
克里夫
沼泽克里夫

让我们认真地想一想……

玲奈

“连家人都毫无察觉，看来沼泽克里夫无论是外貌还是内在都与原来的克里夫一模一样啊。如果他们二人的记忆也完全相同的话，就可以说他们的内在也是完全一样的了吧？此外，如果连他们身体里的细胞都没有区别的话，那么，他们就是同一个人。”

佑马

“沼泽克里夫不仅没有忘记去买特别的火腿，还记得早餐吃的食物。难道不能将沼泽克里夫看作是克里夫复活了吗？”

麻友

“的确如此。我们将沼泽克里夫看作是死而复生的克里夫完全说得通呀。”

小俊

“虽然我不知道克里夫有没有复活，但是连他本人都没有察觉到自己被闪电击中过的话，这二人就根本没有不同之处啊。毕竟他们连身体里的细胞都完全一样。”

麻友

“既然他们二人的身体构成和记忆都没有区别，为什么不可以说他们就是同一个人呢？我觉得他们二人之间不存在不同之处。”

玲奈

“如果一定要说他们之间有不同之处的话，就是原来的克里夫知道自己曾被闪电击中，而沼泽克里夫对此并不知情。”

麻友

“我觉得沼泽克里夫接下来会一如既往地过着与原来的克里夫一样的生活，而且不会有任何人对他产生怀疑。因为就连他本人也不知道自己已经不是原来的那个克里夫了。综上所述，我觉得可以将他们看作是同一个人。”

玲奈

“我认为即便他本人和他的家人知道了事情的真相，也还是会一如既往地生活，他本人也会如此。这一切都是建立在克里夫和沼泽克里夫是同一个人的基础上的。”

麻友等学生从克里夫和沼泽克里夫是同一个人的角度热烈地讨论着，并最终达成了一致。就在此时，佑马似乎察觉到了什么，露出了困惑的神情。

麻友

“佑马，怎么了？你察觉到什么了吗？”

“如果数月后，真正的克里夫突然回来了，那事情又会变成什么样呢？假设克里夫当时没有去世，只是失去了意识，后来他被路人抢救，最终恢复了记忆。等他回到家的时候，他的手上还提着特别的火腿。”

佑马

身体
=
克里夫
沼泽克里夫

记忆
=
克里夫
沼泽克里夫

如果两个人的身体构成和记忆都完全一样，那么他们的不同之处是什么呢？

玲奈

“嗯？假设克里夫还活着吗？”

麻友

“那么就有两个克里夫了。”

小俊

“我刚刚还认为沼泽克里夫和原来的克里夫是同一个人呢？听完你的假设后，我又迷惑了。”

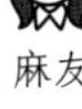
麻友

“我也有同感。如果一定要让我选择哪个才是真正的克里夫的话，我肯定会选择原来的克里夫而不是沼泽克里夫。”

小俊

“原来如此，我明白了。如果这个世界上有人觉得沼泽克里夫是假的话，那么这个人肯定是原来的克里夫。站在克里夫本人的角度来看，他肯定会觉得沼泽克里夫是突然出现在这个世界上的冒牌货。我们再假设一种情况，如果死去的克里大变成了幽灵，他看见有一个跟他长得一模一样的人在过他的生活，肯定会很抓狂，他一定会想‘这个世界上怎么会有另一个我？我不是已经死

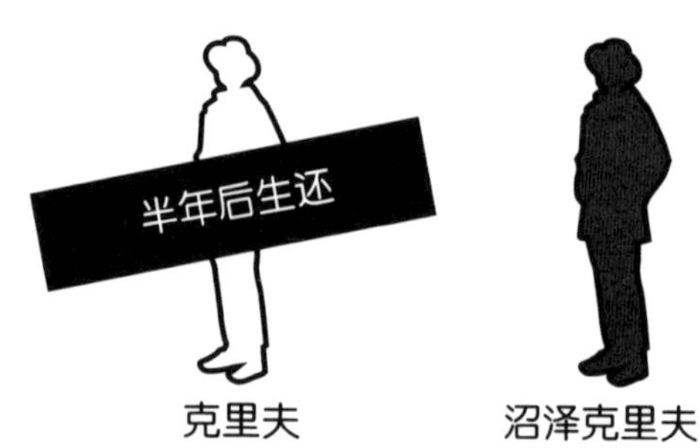
半年后生还
克里夫
沼泽克里夫

如果原来的克里夫回来了，那么究竟哪个人才是真的克里夫呢？

了吗？我变成幽灵了！那个活着的人不是我'！"。

玲奈

"也就是说，他们并非同一个人。克里夫和沼泽克里夫是两个单独的个体。"

佑马

"在二人外貌完全相同的情况下，旁人即便问他们再多的问题，也可能无法分辨出谁是原来的克里夫，谁是沼泽克里夫呀。二者的差异只有是否被闪电击中过和有没有经历过被救这两件事了。除此之外，两人的记忆完全相同，我们无法分辨孰真孰假。"

玲奈

"嗯，认定这两个人都是真的克里夫很奇怪呀。"

佑马

"是啊……我觉得这个问题不是三言两语就能说得清的。"

一起思考一下吧！

麻友等学生进行一番讨论后，发现了隐藏在“两个克里夫是同一人”这一结论背后的矛盾，并进行了更加深入的思考。

你有没有新的思路呢？从以下几个方面进行思考，试着参与到他们的讨论中吧。

1 假设克里夫和沼泽克里夫是同一个人，那么，他们有哪些相同之处呢？

2 假设他们不是同一个人，那么，他们又有哪些不同之处呢？

小结

“沼泽人”是美国哲学家唐纳德·戴维森在1987年提出的思想实验。

无论是身体还是记忆，沼泽克里夫都和原来的克里夫毫无区别。从物理学的角度来看，两个人连身体的细胞都是一模一样的，因此我们可以将他们判定为同一个人。

即便如此，二人真的没有一丝一毫的区别吗？

其实，克里夫和沼泽克里夫是两个拥有着独立人格和意识的不同个体。

假设原来的克里夫还活着，当你询问他们是否是同一个人

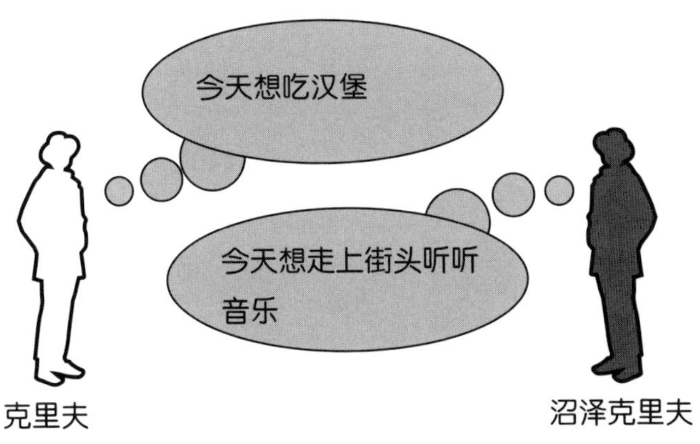
今天想吃汉堡
今天想走上街头听听音乐
克里夫
沼泽克里夫

两人的思想意识不一样

突然出现
克里夫
沼泽克里夫

在克里夫被闪电击中前，沼泽克里夫是不存在的的时候，他们肯定会回答他们不是除他们自己以外的任何人。

如果一定要指出他们之间的不同之处的话，就是沼泽克里夫在克里夫被闪电击中前是不存在的。

一周前的克里夫的确存活于世，并且过着与往常一样的生活，但是沼泽克里夫在一周前还不存在。换言之，沼泽克里夫并不是从克里夫出生时就一直存在的。至此，唐纳德 · 戴维森得出的结论是二者并非同一个人。